中学生心理健康教育主题课程设计系列丛书

主编 蒋薇美

# 中学生心理课
# 情绪管理

杨红梅 朱雅勤 编著



中国轻工业出版社

**图书在版编目（CIP）数据**

中学生心理课. 情绪管理 / 杨红梅，朱雅勤编著. —北京：中国轻工业出版社，2015.2（2023.11重印）
（中学生心理健康教育主题课程设计系列丛书）
ISBN 978-7-5184-0060-7

Ⅰ. ①中…　Ⅱ. ①杨…　②朱…　Ⅲ. ①中学生－心理健康－健康教育　Ⅳ. ①G479

中国版本图书馆CIP数据核字（2014）第265988号

责任编辑：陈　理
策划编辑：阎　兰　　　　责任终审：杜文勇
责任校对：刘志颖　　　　责任监印：吴维斌

出版发行：中国轻工业出版社（北京东长安街6号，邮编：100740）
印　　刷：三河市鑫金马印装有限公司
经　　销：各地新华书店
版　　次：2023年11月第1版第5次印刷
开　　本：710×1000　1/16　印张：13.75
字　　数：121千字
书　　号：ISBN 978-7-5184-0060-7　定价：32.00元
读者热线：010-65181109，65262933
发行电话：010-85119832　传真：010-85113293
网　　址：http://www.chlip.com.cn　http://www.wqedu.com
电子信箱：1012305542@qq.com
如发现图书残缺请拨打读者热线联系调换
231906Y2C105ZBW

# 总　序

《中小学心理健康教育指导纲要（2012 年修订）》指出心理健康教育的总目标是：提高全体学生的心理素质，培养他们积极乐观、健康向上的心理品质，充分开发他们的心理潜能；促进学生身心和谐可持续发展，为他们健康成长和幸福生活奠定基础。而“利用地方课程和学校课程开设心理健康教育课”是开展心理健康教育的重要途径，“心理健康教育课应以活动为主”。

如何利用学校的课堂阵地对学生进行心理健康教育指导，如何提高心理健康教育课的质量已成为急需解决的问题。《中学生心理健康教育主题课程设计系列》是教师们近 20 年的实践探索经验和成果的总结。

《中学生心理健康教育主题课程设计系列》的编写，以中学生成长发展的特点和需求为基础，重点围绕自我意识、人际交往、学习适应、情绪管理、生涯规划和生命意识等方面而展开，形成了《情绪辅导》、《生涯发展》和《综合篇》共三本系列丛书。参与本系列丛书撰写的作者，大多数都是心理学专业毕业的、学校心理健康教育的专职心理教师。他们对中学生的心理特点与需求、对青少年成长过程中可能遇到的困惑和问题，有深入详尽的了解，有具体有效的指导，从而积累了丰富的经验，形成了创新的课例。该丛书的出版凝聚了教师们的睿智和辛劳，是集体智慧的结晶、实践成果的汇集、教改成效的展现。

一堂优质的心理健康教育课，不是落实知识的清楚讲授，而是追求学生的感受强烈；不是强调学生的认真听讲，而是引导学生的积极参与；不是检查学生的认知掌握，而是促使学生的思考感悟；不是根据老师的主观设计，而是符合学生的需求兴趣。因此，一堂优质的心理健康教育课要体现的是目标的清晰、内容的贴切、方法的适合、氛围的感染、心灵的触动。而这一切在丛书的编写中，都表现得淋漓尽致，希望能对教师们有所帮助和启迪。

丛书围绕各个专题，分别从教学背景、教学设计、教学反思、教学建议和教学资源方面提供了详尽的内容。

在“教学背景”中，重点介绍分析了学情，根据中学生的心理特点和现状，提出了一些学生的困惑和需要解决的问题；“教学设计”部分提供了较为详细的教案，这些教案都在实践运用中取得了较好的效果，每个教案都包含教学目标、教学对象、教学准备和教学过程几部分，具有可操作性的特点，供教师选择和运用；“教学反思”总结了教师在上课中的感受和发现，提出了本教案的亮点与不足之处，提供教师思考和借鉴；“教学建议”的主要内容包括重点活动把握和实施建议说明，旨在让教师在备课过程中，对目标有清晰的了解和定位，对活动的开展有明确的思路和把握；“教学资源”部分是结合专题的内容、活动的开展，摘录了一些供老师和学生课堂运用的资料、故事、阅读书目等共享资源，希望能给老师有效的帮助。

建议教师在使用本丛书时，紧密结合本校学生的特点和实际需求，有选择地使用，切忌生搬硬套，更希望有自己的创新。希望通过本丛书的阅读和使用，能利于教师的学习和提升，观念的更新和把握；能利于教师清晰理解编写意图，提升心理课的质量和效果；能利于教师熟悉学生的心理特点和需求，提高心理课的针对性和有效性；能利于教师准确把握活动的意图和目标，规范操作提供的各种活动。

本丛书作者对心理健康教育课的实践和研究，始于20世纪90年代中期。近20年的探索，他们经历了一个漫长而艰辛的摸索过程：从对心理健康教育课的“一无所知”到“理解透透”、从心理健康教育课教材的“一片空白”到“硕果累累”、从对心理健康教育课教法的“一知半解”到“经验多多”。作者愿意借此丛书的编写出版，与大家分享我们的感受与体会，提供我们的经验与成果，希望能对教师们有所启发和帮助。

作者实践和探索还在继续，还要深入。作为一门新的课程研究，作者还有许多不足的地方，需要去提高。由于时间仓促，水平有限，会有不尽如人意之处，恳请学术界前辈、专家和同行批评指教。

蒋薇美

2014 年 10 月于上海

# 前　言

情绪和情绪问题的解决，是近几年来心理学界、学校心理健康教育界以及社会大众关注的热点问题。以“情绪”为关键词在当当网进行检索，可以检索到300余册图书；以“情商”为关键词在当当网进行检索，可以检索到400余册图书。在这些书籍中，既包括了介绍情绪、情商的基础理论书籍，又包括了普及情绪管理或者情绪控制的应用性心理书籍，还有适用于少年儿童的情绪管理能力培养书籍。由此可见情绪、情商或者情绪辅导的受关注程度。

的确，情绪在人们日常生活中起到重要的作用，人们体验着各种情绪和情感，或轻松愉悦，或沮丧伤神，并影响到对周围事物的看法，影响人们的生活质量。对中学生来说，随着身体的日渐成长和心理的日渐成熟，情绪情感的波动更大，对中学生的生活和学习的影响也非常明显。作为中小学心理健康教育的重要内容，情绪辅导也逐渐受到了中小学心理辅导教师的关注。

本书作者就是在日常的心理辅导实践过程中，感觉到中学生情绪辅导的重要价值，从而慢慢产生了将情绪辅导专题内容具体而有序列、有层次的展开的想法。过去在和初中生探讨情绪辅导的方法时，初中生会觉得的确需要换个想法、需要运用各种方法让自己冷静下来，可是，学生却很难能够意识到情绪产生的那个瞬间；在和高中生探讨放松的方法时，看着这些高中生想学却根本不知道怎样才是真正的深呼吸，就觉得我们过去所进行的情绪心理辅导过于粗浅和流于表面了。这引发了我们的思考：情绪辅导的内容并不能简单地了解情绪的种类、情绪 ABC 理论，而需要真正帮助学生从察觉情绪的到来开始，具体地学习调控情绪的方法。因而，在为期两年的实践工作中，我和本书的另外一位作者——朱雅勤老师一起，有意识地对学生的心理状况进行了调查研究、并对情绪辅导的理念、目标和内容进行了系统的梳理，精心设计了一系列的辅导活动，在课堂辅导过程中取得了良好的效果。本书中所写的这些辅导设计，就是在学习、实践和反思的过程中一点一点产生的。

本书撰写分工如下：第一、六、七、十、十一章由杨红梅撰写；第二、三、四、五、八、九章由朱雅勤撰写。全书由蒋薇美统稿和定稿。

写完所有的情绪管理的专题设计之际，上海的大街小巷里，已经浓浓地飘荡着春节的喜庆氛围了。我和我的伙伴，也卸下了多日来的茫然、焦虑、紧张、激动等诸多复杂的情绪，看着还散发着油墨香的书稿，从心底里舒畅起来。但想到要将本书奉于学校心理辅导同行的面前，多少还是感觉到有些激动和忐忑。

因为是探索，所以不免会有一些局限性，会有差错和不足，请读者理解并指正。如果能对大家有一点启发，我们就已经高兴了；如果能对大家的心理辅导工作有一点帮助，我们就更欢呼了；如果能得到大家的建议和意见，我们就更会欣慰不已了。

杨红梅

2014 年元月于上海

# 目　录

# 第一章

# 情绪辅导概述

情绪是心理学理论中的重要部分，许多心理学家都进行了研究和解释。本章将对情绪的有关理论、国内外开展情绪辅导的实践进行梳理，以进一步澄清和明确有关理论上的认识。还将介绍本书中的情绪辅导系列内容的组成，提出使用本书时的操作注意事项和有关建议，供各位老师参考。

## 一、 情绪的概念与内容

要做好情绪辅导，首先要了解关于情绪的有关理论，把握情绪的概念和内容。

### （一）情绪的基本内容

#### 1. 情绪的定义

情绪是人类心理生活的重要方面，也是一种极其复杂的心理现象，所涉及到的内容非常广泛，很多心理学家对此都有研究，但都没有统一的观点。一个大多数的研究者都同意的观点是：情绪是个体对于知觉为对自己很重要的情境的反应，这种反应是一种身体和心理上的复杂的变化模式，包括生理唤醒、情感体验、认知过程和行为反应（Gerrig & Zimbardo，2002）。

**2. 情绪的成分**

情绪具有独特的主观体验，外部表现，并且伴随着特定的生理唤醒。

主观体验：主观体验是人们对不同情绪状态的自我觉察，是一种主观感受。不同的人对不同的事物，或者同一个人，不同的时间和情境下对同一个事物的主观感受都可能很不相同。如取得好成绩，会感到高兴；受到批评，会感到悲伤；面对新的挑战和问题，会感到焦虑；被别人欺负，会感到愤怒。同一个人，在恋爱的情况下，看到公园里的花，觉得美好；在失恋的情况下，看到公园里的花，则会感到悲凉。凡是能满足人的需要或符合人的愿望、观点的客观事物，就使人产生愉快、喜爱等肯定的情绪和情感的体验；凡是不符合人的需要或违背人的愿望、观点的客观事物，就使人产生烦闷、厌恶等否定的情绪和情感的体验。

生理唤醒：情绪产生时，总伴随着内脏器官、内分泌或者神经系统的生理反应，被称为生理唤醒。如呼吸加快或者变慢，血压升高或者变低，瞳孔张大或者缩小，汗腺打开或者封闭等。任何情绪都伴随着生理变化，因而带给我们独特的情绪体验。20 世纪 80 年代，艾克曼等研究人员让被测试者用面部肌肉来表达愉快、发怒、惊奇、恐惧、悲伤或厌恶等情绪，同时给他们一面镜子以辅助他们确定自己面部表情的模式，要求他们把每一种表情保持 10 秒钟，并对他们的生理反应情况进行测量。结果表明，各种面部表情的生理反应存在明显差异。保持发怒和恐惧的表情时，被测试者心率都会加快；保持发怒的表情时，被测试者的皮肤温度会上升；保持恐惧的表情时，被测试者的皮肤温度则会下降。另一些研究表明，许多情绪都使人的心率加快：发怒时，被测试者脖子以下发热，感觉热血沸腾；恐惧时，被测试者骨子里发冷、浑身发凉等。

外部表现：外部表现是情绪产生时伴随出现的外部反应过程。当人们产生不同的情绪反应时，也会表现出不同的面部表情、语音语调和身体姿态，被称为面部表情、言语表情和身段表情。例如：高兴时嘴角上翘、痛苦时眉头紧皱、悲伤时声音低沉、快乐时音调高亢。情绪的外部表现既有先天遗传性，又有社会文化的制约。也就是说，世界上所有的儿童当受伤或悲哀时都哭泣，快乐时都发笑。Ekman & Friesen 曾经做一个研究，把代表快乐、愤怒、厌恶、恐惧和惊奇的面部表情的照片给五种不同文化的人（美国、巴西、智利、阿根廷和日本）观看，结果表明，他们很容易指出每种表情所代表的情绪，这说明不同文化的人也有着相同的情绪表现。情绪的表现虽然具有先天遗传性，但同时也受到社会、文化因素的制约——我们有时为了社会交往的需要，故意掩盖自己的真正情绪，会力图夸大或修饰我们的情绪表现，甚至表现出和内心情绪不一致的表情或者动作。

**3. 情绪的种类**

人的一切心理活动都带有情绪色彩，而且情绪的表现形式多种多样。美国心理学家普拉切克提出了悲痛、恐惧、惊奇、接受、狂喜、狂怒、警惕、憎恨八种基本情绪，还有人也提出了 9 种类别。虽然分类繁多，一般认为人有四种基本情绪，即快乐、愤怒、悲哀和恐惧。

快乐是需要的目的达到后，或焦虑、紧张等状态解除后，感受到的情绪体验。快乐的程度，取决于需要的强烈程度和满足程度。需要不强烈，或者得到少量满足，只能引起轻度的快乐；需要非常强烈，并且满足程度很高，则会引起强烈的快乐感受。

悲哀是失去所喜爱的东西或有价值的东西，愿望落空而引起的情绪体验。悲哀的强度依存于失去的事物的价值和个体对事物的重视程度。一个孩子虽然只是失去了一个布娃娃，但这个布娃娃如果是他视为伙伴的物品，那么，他就会感觉到非常伤心。

愤怒是由于需求不能达到或一再地受到干扰、阻扰时的情绪体验。

恐惧往往是由于缺乏处理或缺乏摆脱可怕的情景（事物）的力量和能力所造成。恐惧比其他任何情绪更具有感染性。

上述四种是最基本的情绪，但在生活中往往体验到的情绪比这四种复杂得多。生活中体验到的情绪，往往是多种情绪的不同组合方式。如当在考试中失败之后，常常会包含着对自己的怨恨、对结果的悲伤、对未来的恐惧等等复杂因素，是一些复杂的情绪体验。

**4. 情绪的状态分类**

根据情绪发生时的强度、紧张度和持续性，情绪可分为三种状态：心境、激情和应激。

心境是一种比较微弱、持久具有渲染性的情绪。俗语说，“人逢喜事精神爽”。这时被喜事所引起的愉快心情按其强度来说并不强烈，但这种情绪状态并不在事过之后立即消失，往往会持续一段时间。比如，当人感觉到忧伤的时候，看什么都是灰暗的。心境不同于其他情绪状态的显著特点是：它不具有特定的对象性，即不针对任何特定事物的。它是一种带渲染性的情绪状态。

激情是一种持续时间短，表现剧烈、失去自我控制力的情绪。激情是短暂的爆发式的。如果说情绪是心理的波浪，那么激情就是暴风骤雨。激情状态下自我卷入的程度很深，失去了心身平衡，伴有明显的生理和身体方面的变化。例如，盛怒时，拍案大叫，暴跳如雷；狂喜时，捧腹大笑，手舞足蹈；绝望时，心灰意冷，头脑昏沉。激情状态不同，自我控制力丧失的程度也不同。在激情发生的初始阶段，人是有自我控制能力的，可以预先防止激情的发生，使这种情绪达不到突然爆发的程度。在激情爆发之前，有意识地控制自己或通过转移注意等方法能控制激情的爆发或减弱它的强度。

应激是出乎意料的紧张情况下所引起的情绪状态。在不寻常的紧张状况下人体把各种资源（首先是内分泌资源）都动员起来，以应付紧张的局面，这时所产生的复杂的生理和心理反应都属于应激状态。

## （二）几种情绪理论

在心理学上，由于情绪问题的复杂性以及研究者的观点和方法上的不同，现代心理学家对情绪的解释是多种多样的。这里仅仅选取几个在情绪理论发展史上有重要影响的理论，和大家一起学习，一起丰富和加深对情绪的理解。其中一些理论，对中学生的情绪辅导起着重要的支持作用。

**1. 詹姆士－兰格（James-Lange）的机体知觉即是情绪的理论**

1884 年和 1885 年，美国心理学家詹姆士和丹麦生理学家兰格几乎同时提出了一个完整的关于情绪的心理学理论。他们把情绪定义为一种对机体变化的知觉。詹姆士认为："在对周围存在现实知觉之后，躯体便发生一系列的变化，我们对这些躯体变化的感受就是情绪。"他说："常识告诉我们，我们失去财产，觉得难过并哭泣；我们碰上一只熊，觉得害怕而逃跑；我们受到一个敌手的污辱，觉得发怒而打起来。这里我们要为之辩护的假设是：这样的序列是不正确的，这一心理状态不是直接由另一状态引起的，在两者之间生理表现必须首先介入。更合理的说法是：我们觉得难过是因为我们哭泣；发怒是因为我们打人；害怕是因为我们发抖。而并不是因为我们难过、发怒或害怕，所以才哭、打人或发抖。没有随着知觉的生理状态，则知觉便纯粹是认知性的，是苍白无色彩的，缺少情绪温度的。于是，我们或许会看到熊而决定最好是逃跑，受了侮辱而认为去打击对手是对的，但我们却并不真正觉得害怕或发怒。"（James，1890，pp375—376）

兰格认为，"血管运动的混乱，血管宽度的改变，以及与此同时各个器官中血液量的改变，乃是激情的真正的最初的原因。"他认为，随意神经支配加强和血管扩张的结果，就产生愉快；而随意神经支配减弱，血管收缩和气管肌肉痉挛的结果，就产生恐惧。是的，在日常生活中，当我们面临一个在公开场合发言或者参加考试的情境时，会感觉到胃部不舒服、发抖、口吃或者遗忘等反应，产生想要逃避的想法，于是我们察觉到了自己的焦虑情绪。

詹姆士－兰格理论在当时推动了许多关于情绪的躯体反应方面的实证研究。直到今天，我们依然能够感受到这一理论对我们情绪调整的意义——当我们"假装"快乐——把嘴角上翘并保持一段时间时，我们就能感觉到快乐；反之，当我们进行深呼吸，心跳变慢时，我们的焦虑也变得好起来了。

**2. 以潘克塞朴为代表的情绪神经科学理论**

潘克塞朴认为："任何试图阐明情绪本质的工作都需要把以脑功能为基础

的各种形式的体验和行为结合起来，这一点已经变得越来越明显。”

他强调了学习和强化在情绪中的作用，认为不确定的情绪刺激可以逐渐地改变情绪的环路。高级的脑环路可以很好地同化低级环路的一些功能，这就有助于解释为什么认知评价对成人情绪的发展具有重要影响。

他同时还强调了内省的重要性。他认为具有意识的大脑可以看作是皮层下脑结构在遗传基础上呈现动态发展的产物。当脑处于一种广泛的唤醒状态时，个体通过社会学习促使了自身情绪的产生和发展。而脑作为一个系统为存在细微差别的情绪提供了硬件上的支持。

**3. 沙赫特的情绪二因素理论**

美国心理学家沙赫特 (S.Schachter) 于 20 世纪 70 年代初提出了情绪二因素学说，他既同意詹姆士的观点（情绪体验来自对身体反应的反馈信息），也同意坎农的观点（这种反馈的差异不大，不足以产生细微的不同情绪）。他认为，情绪既来自生理反应的反馈，也来自对导致这些反应情境的认知评价。因此，认知解释起两次作用：第一次是当人知觉到导致内脏反应的情境时，第二次是当人接受到这些反应的反馈时把它标记为一种特定的情绪。他把情绪的产生归之于环境因素、生理因素和认知因素三者的整合作用。其中，认知因素中的对当前情境的评估和过去经验的回忆，在情绪形成中起着重要作用。

1962 年，沙赫特和辛格设计了一个实验，用以研究认知因素和生理唤醒状态对情绪的作用。他们给被试注射一种药物，并告诉他们这是一种复合维生素，目的是测定这种新药对视力的影响。但实际上注射的是肾上腺素和生理盐水。注射肾上腺素能引起心跳加快、血压升高、手发抖、脸发热等情绪生理反应。被试分为三组：正确告知组、错误告知组和无告知组，分别给以不同的指示语。对于正确告知组，即告诉他们注射这种新药会出现心跳加快、手发抖、脸发热等反应。对于错误告知组，有意错误地告诉他们注射这种新药可能无感觉、会发麻、发痒、头痛等。对无告知组，主试什么也没有告诉他们。注射生理盐水的所有被试都列为无告知组。然后，人为地安排了两种实验情境：一种是“欣快”的环境，一种是“愤怨”的环境。实验后，主试向被试询问当时的内心体验。结果显示，错误告知组的反应最容易受助手的高兴所感染，正确告知组的反应不容易受环境气氛的影响，无告知组的反应则介于上述两组之间。同样，他们对愤怒的环境的反应也是一样的。

这个实验说明，注射肾上腺素虽然引起了典型的情绪唤醒状态，但它的单独作用却不能引起人的情绪；同样，环境因素也不能单独决定人的情绪。在这里，认知对人的情绪的产生，起着决定性的作用。处于生理唤醒状态的错误告知组，因对其自身的生理状态不能作出恰当的说明，他一方面环视周围环境，以求得某些说明的线索，同时又认为自己之所以体验到这种生理反应，乃是由环境的气氛所致，于是就把自己的生理状态与环境线索相适应说成是“欢乐”或“愤怒”。正确告知组由于已经具有说明自己的生理反应的信息，便不去寻找环境中的线索。无告知组从主试那里什么信息也没有得到，完全按自己的评价作出反应。于是沙赫特认为，情绪是认知因素和生理唤醒状态两者交互作用的产物。

**4. 阿诺德－拉扎鲁斯的认知评价情绪理论**

上世纪50年代，美国心理学家阿诺德强调认知评价在情绪中的作用，认为我们总是直接地、自动地并且几乎是不由自主地评价着遇到的任何事物；情绪就是一种朝向评价为好(喜欢)的东西或离开评价为坏(不喜欢)的东西的感受倾向。她认为，评价补充着知觉并产生去做某种事情的倾向，任何评价都带有感情体验的成分。其中，记忆是评价的基础。任何新的事物都是按照过去的体验来进行评价的。想象是评价的重要环节。在开始行动之前，当前的情境和有关的感情记忆使我们推测未来。整个评价的复杂过程几乎是在瞬间发生的。例如在森林里看到一只熊会引起惧怕，但在动物园里看到一只关在笼子里的熊却并不惧怕，这就是个体对情境的认识和评价在起作用。

拉扎鲁斯（Lazarus，1968）进一步把阿诺德的评价扩展为评价、再评价过程；这一过程包括筛选信息、评价以及应付冲动、交替活动、身体反应的反馈、对活动后果的知觉等成分。他建议对个人所处情境的评价也包括对可能采取什么行动的评价。只要事物被评价为与个人生活的重要方面有联系，他就会有情绪体验。每一种情绪均包括生理的、行为的和认知的三种成分。它们在每种特定的情绪中各自起着不同的作用，而又相互作用、互为因果。这三种成分的不同组合便构成各种具体情绪模式的特定标志。拉扎鲁斯还强调，个性心理结构（如信仰、态度、人格特征等）是认知因素的一个决定性条件。他认为，文化对情绪的影响有四种方式：(1) 通过对情绪刺激的理解；(2) 直接影响表情；(3) 通过确定的社会关系和判断；(4) 通过高度礼仪化的行为，如在丧礼上的悲哀。这强调了文化因素对情绪的作用是复杂的。

阿诺德－拉扎鲁斯的认知评价情绪理论，既承认情绪的生物因素具有进化适应的价值，也承认情绪受社会文化情境的制约、受个体经验和人格特征的制约，而这一切又随时发生在对任何事物的认知评价中。这种理论把现象学的研究、认知理论和情绪生理学的研究结合起来考虑。应当说，这是较为合理的，有助于推进情绪和认知关系的研究。

**5. 伊扎德的情绪分化与发展理论**

1987年，美国著名心理学家伊扎德提出了情绪发展理论，认为情绪是个体发展的原动力，是人类行为的独立的促发因素。

关于情绪表达，伊扎德认为：个体的情绪表达行为主要有两个方面的发展变化：一是引发情绪反应的时间和环境的变化，一是个体的表达行为由单纯的反射活动发展为具有文化特征的行为和对他人表达行为的学习。就个体而言，这种发展变化是终身的，即使老年期也是如此。

因为个体的情绪表达行为具有极其重要的社会意义，个体对这种表达行为的学习始于儿童早期，并贯穿于整个儿童期。

关于情绪体验，伊扎德认为：在个体的一生中，某些情绪总是可以被个体所知觉。在儿童晚期、青少年早期，个体对情绪的综合能力与个体对情绪的抽象处理能力密切相关。这增加了个体内在冲突的可能性，同时也使个体的人格整合成为可能。即使个体的心理发展是一种非适应性的发展或是一种病态的发展，情绪仍旧具有动机和适应功能。

**6. 以萨洛维和梅耶为代表的情绪智力理论**

1990年，萨洛维和梅耶在《想象、认知和人格》杂志上发表《情绪智力》一文，提出一个情绪智力的框架，并讨论如何对情绪进行有效的调控，如何将情绪、情感应用于动机引发、计划制定等领域的问题。

1990年，萨洛维和梅耶将情绪智力定义为："情绪智力是社会智力的一部分，包括觉察自我和他人情感和情绪的能力；识别情绪并使用情绪信息引导思维和行为的能力。"当时他们提出的情绪智力理论结构包含三大因素：情绪评估和表达能力、情绪调节能力和情绪运用能力。

1995年，戈尔曼出版《情绪智力》一书，在萨洛维和梅耶的理论基础上，他将情绪智力定义为控制情绪冲动、解读他人情感和处理各种关系的能力，并系统地论述了情绪智力的内涵、生理机制、对成功的影响及情绪智力的培养等问题。他将情绪智力划分为五个因素，分别是：自我意识能力、自我管理能力、自我激励能力、察觉、理解他人情绪的能力和处理人际关系的能力。

1997年，萨洛维和梅耶再次对情绪智力的定义进行修改，定义为："精确的直觉、评估和表达情绪的能力；利用情感促进思维的能力；理解情绪和情绪知识的能力；调节情绪促进情绪和智力发展的能力。"也就是将情绪智力的三因素结构扩充为四因素结构，将原来的10种能力扩充为16种能力。

1998年，戈尔曼出版《工作中的情绪智力》一书，提出了情绪胜任力的概念，并定义为"以情绪智力为基础，使人们在工作中取得优异成绩，通过习得而形成的能力。"

2000年，萨洛维和梅耶为了更进一步将他们的情绪智力模型与戈尔曼和巴让等人的情绪智力加以区分，在1997年情绪结构模型的基础上，调整明确为：(1）情绪的知觉能力，包括知觉和表达情绪的能力，知觉情绪并开始受认知的自动化影响的能力；(2）情绪的整合能力，用情绪促进认知加工；(3）情绪的理解能力，包括情绪认知加工和进一步着眼于问题解决的情绪信息加工能力；

（4）情绪的管理能力，包括对情绪的自我管理和管理他人的情绪。

美国心理学家巴让也于 1997 年提出情绪和社会智力结构模型，和萨洛维和梅耶、戈尔曼提出的情绪智力模型一起，成为三大著名的情绪智力理论。

## （三）几种和具体情绪有关的理论

### 1. 愤怒

愤怒是人类的基本情绪之一。国外研究者对愤怒的诱发因素进行了大量的研究，Ellis 认为愤怒情绪产生于四种不合理的力量，包括：夸大，如夸大与厌恶事件相关的困难结果和水平；低挫折忍耐性与低估个人处理不适和困境的能力；自我价值受到威胁；过分苛求，个人对道德准则或规则的要求过高。

Spielberger 按照愤怒的组成将愤怒分成状态愤怒和特质愤怒两种成分。状态愤怒指个体在特定情境下愤怒的感觉，通常用不同强度的词语来表述愤怒的感觉，如烦恼、生气、暴怒等；特质愤怒将愤怒视为一种稳定的人格特质，是一种以个体对不同情境的普遍反应倾向。

Schafer 根据愤怒对个体影响的性质将愤怒分为积极愤怒和消极愤怒。积极愤怒是指帮助个体产生积极变化的愤怒，又被称为建设性愤怒，比如说增强工作动机，增进相互理解；有些愤怒会影响甚至破坏个体正常社会功能发挥，被称为消极愤怒。也就是说，愤怒作为一种情绪反应，有时是有用的，有时是危险的。

### 2. 焦虑

焦虑是个体对即将到来的、可能会造成的危险或威胁所产生的紧张、不安、焦虑、烦恼等不愉快的复杂情绪状态。焦虑是恐惧的一种特殊形式。

美国心理学家罗洛·梅认为，当个体意识到他的存在受到威胁，可能会被毁灭的时候，就会感到焦虑。他把焦虑分为两类：正常焦虑和神经症焦虑。由于特定事件而引发的、时间较短、对象明确的焦虑为正常焦虑。面对这种焦虑，个体要正视其及其背后的威胁，将注意力集中在当下的生活以及对威胁的处理上。

神经症焦虑是正常焦虑的病态发展，即面对威胁时，个体不能正视而试图回避、逃跑以保护自我受到冲击。针对这种焦虑，要帮助个体建立自尊，让个体感受到自己的存在。

卡特尔则提出了特质焦虑和状态焦虑的概念。Spielberger对这两种焦虑的理解和对愤怒一样，他认为状态焦虑是一种短暂的针对特定情境的情绪反应；特质焦虑则是一种人格特征，是具有个体差异的相对稳定的焦虑倾向。

**3. 抑郁**

孟昭兰认为，抑郁是一种复合性情绪体验，它与一般的悲伤不同，抑郁的体验更为强烈，而且持续时间更长，包含有悲伤、痛苦、愤怒、自责感、羞愧等情绪。

美国心理学家Beck认为：抑郁的易感性是导致消极偏见和信息加工失调的主要原因。抑郁者都有一些消极的自我图式。他们会有消极的自动想法，会消极地看待自己、世界和未来。这种消极的认知图示使其歪曲地看待现实，认识自我、世界和未来时倾向于突出否定性的行为，忽略自己肯定性的行为。

美国心理学家Abramson提出了抑郁的无望感理论。他认为，归因风格与消极生活事件共同构成抑郁的诱发原因。当个体把消极事件的发生归因于稳定和整体的原因时，就会认为事件将持续发生并且影响自己生活的多方面，导致绝望，从而产生抑郁。

Needles和Abramson根据无望理论论述了正性事件的归因对于抑郁患者恢复健康的重要性。他们认为：抑郁患者若改变了对正性事件的归因方式，对正性事件进行内部的、稳定的、全面的归因，则有利于他们从抑郁中走出来。

# 二、中学生情绪发展的特点和辅导实践

## （一）中学生情绪发展的特点

中学时代是人生发展的关键期，生理和心理都得到飞速的发展。在生理上，第二性征的出现带来了性的觉醒，身体出现了巨大的变化；心理上，自我意识萌芽，自我感和独立意识逐渐增强。这些变化，也使中学生们的情绪发展呈现如下特点：

**1. 情绪体验更加强烈，具有冲动性和暴发性**

心理学家霍尔认为：青年期处于“蒙昧时代”向“文明时代”演化的过渡期，其特点是动摇的、起伏的，出现了相互对立的冲突，他把这一时期称为“狂风暴雨”时期。青少年时期的情绪体验特别强烈，富于激情。他们会因为一点进步而欣喜若狂，也会因为一点小小的挫折就垂头丧气；他们容易动感情，也容易激怒，甚至会由于一时的冲动而不顾一切。

**2. 情绪不够稳定，具有两极性**

由于中学生的认知能力和意志品质较弱，他们的情绪来得快也去得快，并容易随着认知标准的改变而改变，出现不稳定的状态。可能今天情绪高涨、精神振奋，明天就陷入低落和抑郁。同时，由于中学生自我意识的发展，他们对自己的优缺点都十分敏感，有时会过高地估计自己，有时又会为自己的缺点和不足担心，因此，情绪常常非常不稳定，容易从一个极端走向另一个极端。

**3. 情绪调节能力增强，存在一定的性别差异**

随着中学生认知水平、智力和意志力的增长，他们开始有意识地调节自己的情绪，并开始从外部调节转到内部调节，当遇到情绪困扰时，能够应用一定的手段来调节自己的情绪。尤其是高中生，其情绪内部控制能力越来越强，情绪的表露越来越带有文饰、内隐的特点。

**4. 情绪理解力增强，表达趋于理性化**

中学生和小学生相比，已经能比较理智地看问题，能更好地认识到情绪的产生有复杂的心理原因。他们对别人特别是朋友的情绪特别敏感，对情绪的理解也较为准确。并且，随着年龄的增长，他们开始注意按照社会规则表达情绪。他们开始注重自己的个人形象，关心别人对自己的看法，因此会尽可能地使自己的外在表现得得体、合适一些。

## （二）中学生情绪辅导的实践

**1. 上海市中学心理辅导活动课**

上海市自上世纪 80 年代开始在中小学开设心理辅导活动课，对中小学生进行发展性心理辅导。上海市中小学心理辅导协会理事长吴增强老师在《现代学校心理辅导》一书中，将中小学心理辅导的内容界定为：学习辅导、生活辅导、人格辅导和生涯辅导四部分，其中，情绪辅导是人格辅导的内容之一。

正是在这样的框架指导下，1997 年，上海市科技教育出版社出版了《学生心理辅导指南》，并于 2001 年、2007 年先后 2 次对该教材进行修订出版；2000 年上海市教育出版社出版了《学生心理健康自助手册》，也先后于 2003 年、2012 年 2 次对该教材进行修订出版；2007 年，华东师范大学出版社出版了《心理健康读本》。其中，情绪辅导都是其中的重要模块。具体内容如下表：

**表 1:《中学生心理健康自助手册》情绪辅导主题**

| | 序列 | 主题 | 目标 |
|---|---|---|---|
| 初中 | 1 | 情绪 abc | 认识情绪的种类，并能用各种词语描述情绪；学习判断情绪是否合理。 |
| | 2 | 应对苦恼 | 理解情绪的产生受到想法的影响，并练习通过改变想法，改变情绪。 |
| | 3 | 情绪调控觅良方 | 继续练习改变想法，改变情绪的方法；了解合理宣泄情绪的其他方法。 |
| | 4 | 与快乐同行 | 探讨获得快乐情绪的方法。 |
| 高中<br>通情达理—换副眼镜观世界 | 1 | 我的 CPU | 掌握情绪 ABC 理论，并说出在生活中的表现。 |
| | 2 | 理性认知 | 知道非理性认知的特点，察觉自己或他人的非理性认知。 |
| | 3 | 积极思考 | 练习理性认知，并主动地发展积极情绪。 |

**表 2 :《心理健康读本》情绪辅导主题**

| | 序列 | 主题 | 目标 |
|---|---|---|---|
| 初中 | 1 | 少年初识愁滋味 | 知道情绪的分类，根据常见情境辨别自己的情绪，能说出青春期情绪特点。 |
| | 2 | 情绪健康维他命 | 能说出情绪对人的影响，知道自己的情绪特点和表达方式对自己的影响。 |
| | 3 | 清除你的“情绪垃圾” | 学习调节负面情绪的方法，练习运用这些方法调节自己的负面情绪。 |
| | 4 | 找寻失败中的“珍珠” | 理解面对挫折的不同态度会带来不同的结果，接纳挫折并积极地面对问题和解决问题。 |
| 高中 | 1 | 绿头发 | 掌握 E+R=O 理论，知道情绪反应背后的认知因素；知道自己情绪反应的原因，并学习接纳自己的情绪；学会控制和管理自己的情绪。 |
| | 2 | 最愚蠢的一堂课 | 理解自己行为背后的主观原因，知道知、情、意三者间的相互关系；知道积极的情绪反应将有助于应对和处理所遭遇的种种事件；了解、掌握保持积极心态的方法。 |
| | 3 | 不后悔 | 学会以积极的心态面对过去，并从过去的事件中获取经验和教训；学会澄清问题，掌握解决问题和作出决策的技巧。 |

从中可以发现：这些情绪辅导系列都以认识情绪、调节情绪为基本内容和序列，并对初中和高中学生的辅导目标进行了分层设计。

**2. 香港“成长的天空”计划**

在 1994 至 1996 年期间，香港社会福利署资助突破机构与香港中文大学对香港的中学进行了一项为期六年 (1994 年至 2000 年 ) 有关青少年健康的研究计划。研究小组成功制订出“香港学生数据表格”(Hong Kong Student Information Form) 的评估工具去识别青少年的发展需要，及发展出一套全面的成长辅导训练计划，增强青少年抵抗逆境的能力，以面对日后成长的挑战。

“成长的天空”计划参考 Benard (1998) 有关抗逆力的研究中提到青少年成长的模式，总结成为计划的理念架构，包括抗逆力的三大元素及工作理念的整合。抗逆力三大元素包括：效能感 (Sense of Competence)，归属感 (Sense of Belongingness)，乐观感 (Sense of Optimism)。效能感包括人际技巧、解决问题能力、情绪管理及目标订定等；归属感指帮助学生发生一段良性的被照顾及被支持的关系；乐观感指将当前的逆境看为暂时的、个别的和外在的，相信未来是光明和充满盼望的。

“成长的天空”计划包括了识别计划和综合课程两大部分，其中综合课程包括了发展性和预防性的课题和活动，又分为两类课程：发展课程和辅助课程。发展课程以辅导课形式推行，通过课堂形式，教授情绪管理、社交、问题解决及目标制定等生活技能，以提升学生的效能感、归属感及乐观感。

“成长的天空”计划的实施，提供了一种帮助学生发展的新视角。过去，为了解决问题，注意力往往放在问题本身。但“成长的天空”计划却将关注青少年问题行为的应对转化为个体优势和潜能激发的本质上来，发现和利用青少年现有的力量和资源，是辅导工作的关键。

**3. 国外 SEL 教育计划**

2002 年，联合国教科文组织向全球 140 个国家的教育部发布了实施 SEL（Social and emotional learning，社会情绪能力学习）的十大基本原则，开始在全球范围内推广 SEL 教育计划。

所谓 SEL 就是把情绪智力的理论运用到学校学习当中，主要是发展识别和管理情绪的能力，照顾和关心他人的能力，做出负责任的决定，建立积极关系，有效掌控形势的能力。SEL 为学校提供了一种知识框架，作为学业教育的一种补充，帮助教育者去平衡学生的各个方面的需要，使教育体系完整化。在欧美等发达国家，截止至 2011 年，已有接近 16 年左右的教育领域实践的推广。截止至 2005 年，SEL 项目已覆盖全球数万所学校：英国、美国、澳大利亚、新西兰、新加坡、马来西亚、日本、韩国以及拉美、非洲的一些国家。

美国的伊利诺伊州制定了详细、全面的社会情绪能力（SEL）标准，覆盖从幼儿园到高中的各个年级：小学低年级学生要学会识别和准确表述自身情绪，并了解情绪如何引发行为；小学高年级开设同理心课程，要求儿童根据非言语线索识别他人的感受；初中阶段，学生应当学会分析哪些东西会造成压力，哪些东西能激发出最佳表现；高中的社会情绪能力学习的重点包括：通过有效地倾听和交谈解决冲突，防止冲突升级，并协商出双赢的解决办法。

CASEL（the Collaborative to Advance Social and Emotional Learning，促进社会情绪能力学习合作组织）机构的负责人还对 SEL 计划进行了全面评估和综合分析。该研究发现，学生成就测验分数和平均学分绩点表明，SEL 项目对他们的学习成绩起到了很大的促进作用。在参与 SEL 计划的学校，50% 的学生成绩得到提高，38% 的学生平均学分绩点有所提高。学生不良行为平均减少 28%，终止学业的学生平均减少 44%，其他违纪行为平均减少 27%。与此同时，学生出勤率有所提高，63% 的学生明显表现出更积极的行为。

## 三、情绪管理能力：中学生情绪辅导的核心内容

从以上理论发展和实践探索中我们不难发现，随着心理学家对情绪研究的逐步深入，尤其是智力理论、情绪认知理论、情绪智力理论的提出，心理学界和教育界都意识到：情绪的健康发展对一个人未来生活的重大影响；面对不同情境刺激，个体的情绪管理能力不仅与心理或精神问题关系密切，尤其对个体的

认知活动、社会适应状况有着非常重要的影响。情绪需要管理，并可以管理。

### 1. 情绪管理能力的由来

在社会学领域，情绪管理这个词的首次出现是在1979年，由Hockschild在《情绪工作、情感规则、和社会结构》（*Emotion Work*，*Feeling Rules*，*and Social Structure*，1979）一文中推出了情绪管理的概念，认为情绪管理就是一种需要遵循情感规则的工作，是个人“试图去改变情绪或感觉之程度或质量所采取的行动”。这时的情绪管理的概念是从组织行为学的角度提出来的，其本质是要促进个人适应社会现实，如著名的管理学家欧文汤普森强调，情绪管理是一种适应社会现实的活动过程，它要求人们的情绪反应具有灵活性、应变性和适度性，以使人们能以有组织的、建设性的方式，迅速而有效地适应变化的社会情境。

在心理学领域，戈尔曼将情绪管理界定为：体察自己与别人的情绪，辨别之间的差异，并能运用这些情绪信息来指引个人的思考与行动的能力。简言之，就是情绪的觉察、调整和表达的能力。从中可以看出，心理学家提出的情绪管理主要是从情绪管理的操作特性入手的。

### 2. 中学生情绪管理能力培养的意义

情绪的察觉与调节是个体早期社会化的重要内容，也是个体适应社会生活的关键心理机制之一。生理的发育、社会认知能力的发展为中学生情绪管理能力的培养提供了可能，而中学生情绪管理能力的培养又为中学生的社会化进程提供了有力的保障。

桑标等的研究表明，作为儿童情绪自我调节的物质基础——大脑和神经系统的发育将制约儿童的情绪调节，但儿童情绪调节能力的发展也会影响大脑和神经系统的发育。学龄初期的儿童由于大脑皮层的主动抑制过程比兴奋过程弱，因此，情绪大多表现出情境性、冲动性和不稳定性，情绪的自我调节能力比较弱。但进入青春期，大脑迅速发育，因而产生持续激烈的情绪反应。而随着脑皮层发育的成熟，大脑皮层各部位发育逐渐平衡，情绪也趋于平稳。青春期的孩子越是积极地使用情绪的自我调节，大脑越是受到更多的刺激，其相应脑区越是能快速发育，反过来促进个体情绪的适当调节，在社会环境中表现出良好的适应行为。

萨尼特别强调儿童成长过程中的情绪社会化发展，她研究了从婴儿期到青少年期个人情绪发展的历程。她指出当儿童踏入青少年期，即由十三岁起，儿童开始意识到在控制情绪时个人的情绪周期，就适应而言，他们可结合自己的道德品格与个人信念来处理压力；至于行为方面，这阶段的青少年可以纯熟地表现自我以建立个人在他人心中的印象；当与别人建立关系时，青少年深明掌握表达情绪的方法是维持关系的决定因素。

卢家楣等在对初中生情绪智力结构进行分析后发现，初中生在“对自己”、“对他人”的情绪管理能力发展好于“自己与他人”、“他人与他人”的情绪管理能力，说明前两个变量的发展早于后两个对象变量；他还发现初中生情绪智力的观察、评价、表达三个操作变量发展较好，而调控变量发展不太好，说明调控变量发展比较晚。他指出初中阶段是情绪智力发展的关键时期。

对中学阶段的学生，培养情绪管理能力是可行的，也有着重要的价值。中学生有初步识别自己情绪的能力，并能理解对情绪的了解和处理会影响自己与别人的关系。因此，要进一步提升中学生的情绪控制和表达能力，并培养他们合理的情绪管理策略。

**3．中学生情绪管理能力的内容**

对中学生的情绪管理能力的培养，我们认为不仅仅是被动地调节已经出现的消极情绪，还需要主动地培养和发展积极的情绪。

因此，本书中的情绪管理能力包括了对情绪的察觉、表达、调整和自我激励的能力。其目的在于促进学生更好地驾驭情绪，建立和维护良好的情绪状态，并促进其在社会生活中实现良好的人与人、人与团体之间的人际交往。

我们把情绪管理能力分为如下几种能力：情绪察觉的能力、情绪调整的能力、做出合适情绪表达的能力、自我激励和维持积极情绪的能力；按照对象维度来分，分为对自己情绪的察觉、调整和表达，和对他人情绪的察觉、调整和行为应对。

情绪察觉能力即知觉自己和他人的情绪的能力。觉察是个体对自己的生理状态、行为、心理活动的知觉，个体要及时注意到自己生理状况的变化，并进行评估和判断。完整的情绪察觉能力不仅指情绪的自我察觉，还包括对他人情绪的察觉和理解的能力。

情绪调控能力指在察觉自己情绪的基础上，选择适当的方法予以调节和控制。情绪调节和控制的方法很多，如转移和升华、倾诉、宣泄、认知重建、放松训练等方法，可以视当时的具体情境、个人的偏好选择合适的方法来调节自己的情绪。

情绪表达能力指恰当地表达情绪，以促进人际之间的良性互动的能力。人们在交往过程中常常会体验到各种情绪，情绪也会影响着交往的内容和方式。不当的情绪表达方式往往会出现许多不良互动，会让彼此关系变得紧张；恰当的情绪认知和表达可以抒发自己内心的感受，让别人更了解你，也可以更好地与别人进行互动，有助于我们彼此理解和沟通，发展良好的人际关系。

自我激励，即通过自我调动，建立和维护良好的情绪状态。包括能乐观地面对困难或者问题，保持积极情绪多于消极情绪，保持乐观心态，不断自我完善。

## 四、本书对情绪管理能力系列内容的架构

基于对情绪管理能力的理解，我们借鉴已有的优秀情绪辅导的经验，结合诸多情绪结论的精华，以情绪察觉、情绪表达和情绪调节能力的发展为主线，以具体情绪的调整为辅线，以积极情绪的培养为重点，设计了三部分十个专题：

**1．第一部分：情绪的认识和察觉**

在这一部分里，学生将阅读、聆听到一些心理学的有关情绪的经典实验、故事，对情绪的基本知识有所了解，并能结合自身的生活实际经验说出情绪管理的重要价值；学生还将体验情绪产生时躯体的生理反应，并能与具体的情境相

结合，对自己或者他人的情绪做出评估。

这一部分将由《情绪知多少》和《情绪信号灯》两个专题内容组成。

在《情绪知多少》里，学生将认识基本的情绪，丰富自己的情绪词汇，运用这些词汇来描述自己曾经经历过的情绪，并在生活经验和心理实验的双重作用下，知道情绪对健康、认知、人际交往等诸方面的影响。这样的内容是情绪的序言课，也是许多情绪辅导专题系列的第一课。对情绪的认知将提高同学们对情绪给予注意和重视的态度，也有助于情绪的管理。

在《情绪信号灯》里，学生将观察自己或者他人的情绪反应，体察情绪的产生和身体反应、想法之间的关系。这将进一步提高同学们对情绪的清晰度。情绪的清晰度是Gohm提出的元情绪纬度。元情绪是指个体对情绪的理解、监控、评价以及对调节过程的反思和监控。Gohm认为其中的一个纬度是情绪清晰度，即个体区分和描述特定情绪的能力，而不仅仅是意识到情绪的好或者坏。例如具体的察觉情绪的生理唤醒、想法，对之进行区分和描述等。情绪清晰度的高低将影响个体对情绪的调节和反思、管理。

**2．第二部分：消极情绪的调整和表达**

在这一部分里，学生将练习最常用的放松技术，来调整和控制自己的身体反应；学生还将具体地学习各种消极情绪的调整和表达方式。

这一部分将由《按下暂停键》、《面对心中的暴风雨》、《站着等待VS行动起来》、《走出抑郁的日子》四个专题内容组成。

《按下暂停键》是关于放松技术的单元。之所以将放松技术单列一个专题，是因为在日常的心理辅导实际工作中，我们发现：放松技术是一个常用的、有效的技术，有助于缓解愤怒、焦虑时候的躯体紧张，但是学生往往不愿意尝试运用。有些学生想用，却以为深呼吸就是张大嘴拼命呼吸，以至于学生认为放松是没有任何效果的。造成这种现象的原因除了有些辅导教师自身对放松技术也不甚了解之外，还有一个非常重要的原因就是没有足够的时间对学生进行指导、让学生进行练习和体验。

愤怒、担心和抑郁作为怒、惧、哀三种情绪中的代表性情绪，是目前中学生中体验较多、影响较大、处理起来较难的情绪。要调整和表达这些情绪，并非是对这些情绪的否定。相反，我们认为这些情绪对个体都有一定的警示作用，有助于人更好地适应环境。这些情绪的负面影响往往不是情绪本身，而是情绪发生时的处理与表达方式。同时，每种情绪处理的方式除了一些通用的放松技术、转移技术、宣泄技术之外，在情绪的调整和表达方面，也有一些值得推荐的独特方法，因此，我们设计了具体的辅导专题。

在《面对心中的暴风雨》里，学生将澄清愤怒背后真实的需求，并明确不同的表达方式带来的影响，尝试运用"我讯息"的表达方式表达自己的真实想法，缓解人际冲突。在这个专题里，我们将帮助学生接纳愤怒的情绪，而回避掉胡乱发泄愤怒带来的负面影响。根据"挫折－攻击"理论，愤怒或者攻击性行为实则是表达挫败感的一种方式。在临床心理学上，愤怒常常被认为是维护自尊的自我保护。在自尊感受到伤害时，人会愤怒，以停止伤害，维护自己的价值感。因此，表达愤怒的方式，莫过于将愤怒的真实原因冷静、客观地表达出来。

在《站着等待 VS 行动起来》里，学生将直面平常引发担心或害怕的事情，理解影响偏差对情绪的影响，运用万能公式降低焦虑，投入到行动中去。焦虑的负面影响往往来自于逃避问题而使问题扩大化，或者因为焦虑而降低工作效率，使自身的生理状态产生持续的应激状态。心理学家芭芭拉在研究情绪预期的时候发现，人在预期情绪的时候，会出现偏差影响，也就是说事实并没有自己预想的那么糟糕；接受这一点后，可以消除对焦虑的焦虑，并运用万能公式，投身于解决问题的行动中去。

在《走出抑郁的日子》里，学生将了解抑郁的外在表现和内在原因，学习观察他人的抑郁心境并适当地提供帮助。抑郁是心境持续低落的一种状态，学生常常称之为郁闷。鉴于目前中学生中的抑郁症发病率越来越高，我们特意在这个单元里对这个问题进行辅导。戈尔曼在《情商》一书中提出：对抑郁情绪最有效的方法是从不同的角度看问题，又称"认知重建"；另外一种提振情绪的有效方法是帮助有需要的人。

3．第三部分：积极情绪的培养与发展

在这一部分里，学生将学习培养积极情绪的方法。学生将分辨理性与非理性认知对情绪的影响，并练习培养理性认知；学生会交流、练习并运用获得快乐、发展乐观、获得幸福的诸多方法。

这个部分的内容由《你选择做哪只狐狸》、《做乐观的自己》、《快乐相随》、《幸福指数》四个专题组成，将帮助学生发展快乐、感恩、爱、希望等积极的情绪，调整中学生生活中消极情绪与积极情绪的体验比例，保持生命活力。

《你选择做哪只狐狸》和《做乐观的自己》是培养学生的理性认知。根据初中和高中不同年龄段的学生的情况，帮助学生从不同程度上掌握情绪 ABC 理论*。情绪 ABC 理论由美国心理学家艾利斯创建，认为激发事件只是引发情绪和行为后果的间接原因，而直接原因则是个体对激发事件的认知和评价而产生的信念。这些信念具有绝对化要求、过分概括化和糟糕至极的特点，被称为非理性认知。初中学生侧重于察觉不同的想法带来的情绪改变，而高中学生则侧重于能说出理性认知与非理性认知的差别，并练习调整非理性认知。

《快乐相随》里，将和学生探讨：生活中的快乐是因为有美好的事情发生，还是因为有善于观察和品味的眼睛？并将和学生一起练习从美好的事物中感受快乐，从悲伤的事物中发掘希望。美国心理学家塞里格曼认为，乐观是可以培养的。乐观主要由个体的解释风格决定，即个体如何解释坏事情发生的原因，以及这些原因普遍性、内在性和永久性的程度。通过对解释风格的培养，有助于培养学生的乐观态度。

《幸福指数》里，学生将通过游戏活动体验“比较”带来的情绪变化，观察并品味平凡校园生活中的快乐与幸福，了解 12 项活动对生活的影响。这 12 项活动来自美国心理学家 Sonja Lyubomirsky 提出的持续幸福模型。她认为影响人的幸福感水平的有三个因素：一是遗传影响，占 50%，二是一般因素影响，如

---

*情绪 ABC 理论：指激发事件 A（activating event 的第一个英文字母）只是引发情绪和行为后果 C（consequence 的第一个英文字母）的间接原因，而引起 C 的直接原因则是个体对激发事件 A 的认知和评价而产生的信念 B（Belief 的第一个英文字母）。

性别、年龄、婚姻、健康等等因素，占10%，而其他的40%，则受到人个体可以选择的、并付出行为努力的活动的影响。这些活动包括仔细品味生活、写感谢信、锻炼身体或者冥想、不多虑和过度比较等。这些活动都将给学生一些启发，对培养他们的幸福生活有着实际的指导价值。

## 五、本书使用建议

### （一）仔细阅读专题内容的每一个组成部分

本书的每一个专题内容，都由教学背景、过程扫描、学生反馈、教学反思、教学建议和补充材料组成。

教学背景介绍了该专题设计时学生的调查情况和现象分析，也说明了确定辅导目标的原因；过程扫描对课堂辅导的过程进行了介绍，并就其中重要的片断进行了详细描述；学生反馈记录了学生在辅导活动结束后的感想和收获，也从一个侧面验证了辅导活动的效果；教学反思是教师对辅导活动的设计初衷的解释，以及是否实现了辅导目标的反思；教学建议是对辅导过程中的有些环节进行删减、丰富的建议，也会提供一些替换性的活动；补充材料中提供了教师进行本次辅导活动时候所选用的材料，以及其他未曾使用但与主题相关的材料。

请老师们在使用本书的专题内容时，仔细阅读这些内容：

仔细阅读背景材料，有助于老师们理解学生、理解辅导活动设计的意图和目标定位。任何一个活动的设计都遵循着贴近学生生活实际，解决学生生活中遇到的一、两个问题的原则，从学生的发展需求入手来设计的。因此，只有阅读和理解这些，才能做出正确的选择和取舍，并开发有自己的创造性的设计。

仔细阅读过程扫描，不仅能够了解整个辅导的活动流程，了解教师的提问设计，更能从课堂实录的片断中了解学生的想法和教师的反馈语言和方式。心理辅导活动课，往往是在这样的师生、生生语言的互动中得以推进和完成的，教师的反馈语也反映了教师的价值观念。

仔细阅读学生反馈，有助于对课堂辅导的效果进行了解，并更好地了解学生在意什么、收获什么、又产生了什么新的困惑。

仔细阅读教学反思，可以在我们已有设计的基础上，更好地调整和修改这些辅导设计活动，使它更趋于完善。

仔细阅读活动建议，可以了解更多与主题相关的活动，可以在需要的时候进行调换，有点像足球比赛时候的换人，一切为了辅导活动的效果，不是吗？

仔细阅读补充材料，当你觉得辅导活动中的一些设计还不错的时候，补充材料可以让你轻松地借鉴和运用！

## （二）理解和接纳情绪理论的价值观念

**1. 每一种情绪都有它的价值，接纳情绪的存在是察觉和调整情绪的前提。**

每一种情绪都有它的价值，通俗地说，就是情绪没有好坏。所有学过基础心理学的老师都能建立这样的理性认识。情绪对我们来说，能帮助我们察觉我们的环境，判断对我们来说重要的事情，做出适应性的行为。悲伤，的确容易降低我们对娱乐和休闲的兴趣，削弱我们探索世界的主动性，但同时也会提醒我们寻找潜在的危险和威胁；愤怒，的确让我们丧失对事物的理性判断，作出冲动性的行为，但同时也会提醒我们寻找自己的存在感和价值。

但事实上，在辅导过程中，我们却常常很难保持这样的中立。特别在与学生的交流与反馈过程中，我们容易习惯性地否定一些情绪，尤其是那些带来负面感受的情绪。尤其是在对愤怒情绪、抑郁情绪的讨论中，学生往往会说到生活中引发的事件和情绪时，有些老师会反馈说："这样你就生气了？"这句话的背后，其实传递了对学生产生生气等情绪的否定。

教师首先要接纳情绪的这些特点，理解情绪只是学生的一种主观体验和反映，才能真正地接纳情绪而不是否定情绪，从而能察觉情绪和合理地调整、表达出情绪背后真正的需求。

**2. 情绪的表达方式存在着文化差异，不强求与西方一致。**

情绪智力和情绪管理能力的提法均来自西方，而心理学研究也证明，情绪的行为表现则受到社会文化的制约，因此，需要考虑在其他社会中的文化影响。

比如在愤怒的问题上，愤怒有时候在中国的文化中被认为是鲁莽、野蛮的代名词，中国文化提倡面对被侮辱或伤害时要忍耐；焦虑则是积极进取的表现，“人无远虑，必有近忧”，“先天下之忧而忧，后天下之乐而乐”。心理学家Klineberg也曾是早期以实证方法研究中国人情绪的学者。根据他的观点，中国人相信情绪是“危险的”。也有学者指出：传统中国医学中，极端的情绪被视为许多疾病的根源。为了保持个人健康和维持社会稳定，中国人重视中庸和谐，不鼓吹公开表达自己的感受和思想。

在辅导的过程中，我们可能会介绍一些西方的情绪表达的方式，比如运用“我讯息”说出自己的想法、比如运用“万能公式”处理焦虑情绪，我们可以建议学生们尝试运用并体验这种方式带来的效果，但不必要求学生一定这么做。在实践的过程中，欢迎老师们探索、总结出一些有效的、符合中国人习惯的面对情绪的方法。

**3. 情绪的觉察和表达能力存在一定的性别差异，注意有所侧重。**

在生活实际中，我们不难发现，男性和女性在情绪的觉察和表达上存在着很大的差异。不少研究均指出情绪的表达和管理存在着一定的性别差异。Brody曾提到，无论就说话或者面部表情来说，对于不同的情绪，女性均比男性表达得更好，而男性则倾向以行为来表达情绪。在对他人的情绪的察觉方面，女性也比男性更能准确地解读别人的情绪，并更擅长。

邓丽芳、郑日昌的研究也指出，当男生和女生都体会到更多的消极情感时，男生的情绪表达性明显低于女生，但是在正向情感和快乐感的体验中，男生和女生并不存在显著差异。这种差异，可能也是性别角色社会化的结果。

因此，我们在设计和实施相关的辅导活动时，要注意可能存在的性别差异，在辅导目标上要注意不强求男女两性达到同样的水平，在辅导重点上也要注意性别差异的不同。

**4. 情绪的调节方法有两种模型，要根据情境灵活选择。**

根据 Lazarus 和 Folkman 的研究，情绪调节有两种模型：一种是以问题为中心，也就是个体通过问题解决策略，试图改变情境或者去除引起紧张的威胁，如重新定义问题，考虑替代解决方案等，这样，个体面对问题情境，如果经过努力，问题获得解决，从而降低个体的情绪紧张程度或压力；一个是以情绪为中心，个体为了降低情绪压力采用行为或者认知调节策略，如转移注意力、换个角度看问题等，个体主要关注其自身的情绪调节，而不关注实际问题。

哪种类型的情绪调节更有助于心理健康呢？研究发现，过多使用情绪为中心应对的个体，表现出较高的抑郁水平，而过多使用以问题为中心应对的个体，在任务不可控的情况下，表现出较高的焦虑水平。

因此，在辅导过程中，我们不必强求学生采用那种情绪应对策略，但要提出一个基本的原则：当情绪情境是可控的时，以问题为中心进行应对，解除情绪压力，有助于心理健康；当情绪情境是不可控的时，以情绪为中心应对，通过改变认识或行为而降低情境对情绪的消极影响，有利于心理健康。

## （三）遵循心理辅导活动课的有关原则选择本书内容

**1. 根据学生的实际需要来选择辅导专题内容。**

本书所提供的绝大多数的辅导专题，都是在作者心理辅导工作实践过程中逐渐积累起来的，也是作者根据自己工作学校的学生实际情况进行设计的，并且由于学校对心理辅导工作的支持，才能使 10 个专题的内容都得以实施。因此，在撰写本书的时候，我们进行了一些调整，以力求普适性，但是也无法完全避免这种片面性和专属性。

因此，请根据学生的实际需要来选择辅导的专题内容。如果您课时有限，建议在三个部分里选一些内容来上，或者对有关的内容进行压缩，但一定不要遗漏了情绪察觉的有关内容；如果您的学生是初中生，建议选择相对靠前的几个专题；如果您的学生是高中生，建议将情绪认知和情绪察觉的内容压缩一下，消极情绪辅导的部分选择焦虑和抑郁，而积极情绪的辅导内容是非常适合高中学生的！如果以上辅导专题都不能满足您学生的需求，那么，请您为他们进行独创性的设计，并欢迎您将您的设计与我们进行交流！

**2. 根据辅导课的实际情况来选择辅导的具体活动。**

本书所提供的每个专题辅导内容，都是按照40分钟的容量来设计的，所选择的辅导活动一方面会考虑符合辅导目标，一方面也会考虑操作的难易程度，还会考虑辅导教师的个人风格和专业长处。因此，我们不仅提供了一节课的辅导流程，还丰富了辅导活动的建议，就是希望尽可能多地满足不同课时长短，不同辅导目标侧重点和不同辅导风格的老师。

因此，请根据辅导课的实际情况来选择辅导的具体活动。如果您擅长活动，不妨多带领一些小游戏；如果您擅长说理，不妨多选择一些心理实验与故事，如果您擅长抒情，不妨多选择一些体验性活动；如果您时间够长，不妨丰富有关的内容或者将活动带领的更为深入，如果您时间太短，不妨选择一个短小精悍的活动。当然，这一切的前提别忘了：辅导活动为辅导目标服务。

**3. 根据辅导课的操作要领来实施辅导活动。**

本书所提供的每个专题辅导内容，都是静态的，用文字描述的。虽然我们力求还原课堂，但不可避免地会落于枯燥和面目可憎，以及无法完整地传递出心理辅导活动课的操作理念。所以，在这里，将心理辅导活动课的操作要领再叙述一遍，与各位老师共勉：

重感受，不重认知。 尤其是在情绪调节方法的辅导过程中，仅仅停留在认知层面，更容易造成对情绪的压抑，而这种压抑反而会带来负向的情绪感受。

重引导，不重教导。学生对心理辅导的内容是否接纳，关键在于他们是否认同并且内化。因此，教师不对学生做强制的说理和武断地解释，而是在学生现有的思想基础上，通过倾听、启发、组织讨论、进行对质、反省等方式，让学生自己有所悟、有所得。

重目标，不重手段。在辅导活动过程中，最重要的是把握好辅导理念和辅导目标，如果只考虑形式和手段的新鲜花哨，很可能会导致舍本逐末。

重真话，不重有无错话。在情绪辅导课上，往往会出现一些真实的情境，比如考试失败以后会怨恨教师，这时，教师要放下严肃的道德标准，给学生以真心诚意的宽容，让每个学生可以自由自在地表达自己，从而形成说真话、讲真情的氛围，达到心理辅导的真实效果。

重生成，不重原定设计。在心理辅导的过程中，由于学生的状态各不相同、班级群体之间的互动情况不同，因此，很有可能出现辅导现场生成许多新的现象，教师需要灵活把握辅导活动的发展方向，不可刻板依照原定设计。

重学生的领悟，不重教师概括总结。心理辅导活动课是促进学生体验、领悟从而获得成长的课程。领悟是学生克服心理困惑、促进自身发展的关键，即使这种领悟看上去还比较幼稚，教师也不可简单地灌输或者总结。

接下来，让我们一起，打开情绪辅导的大门！

# 上篇　情绪的认知和觉察

# 第二章

# 情绪知多少

## 【教学背景】

**1、万能公式：烦 + 郁闷 = 不开心**

作为心理老师，我在学校上心理课的同时还担任心理咨询的工作。常常有学生来诉说自己的烦恼。

“老师，我觉得很烦。”

“我好郁闷！”

“我不开心。”

这是出现频率很高的开场白。

如果问他发生什么事了，就会发现，一个“烦”、“郁闷”或者“不开心”背后蕴含着种种可能的情绪——

是考试考砸了，也许很懊恼自己的粗心大意，也许很担心会被父母责骂。

是和同学闹矛盾了，也许对对方的背叛感到气愤，也许是对友谊的逝去感到遗憾。

是被老师批评了，也许是因为别人的误解而无限委屈，也许是因为在大庭广众之下感到无限难堪。

“烦”、“郁闷”是这样复杂的两种情绪，竟可以包含这么多他们尚不自觉的心绪！对了，还有前两年十分风靡的一个词“囧”，一个字，竟然就能表达“郁闷、悲伤、无奈、尴尬”之意！

青春期应是情绪体验最丰富的时期，也许种种矛盾的心绪交杂以至于他们只能高度概括含糊其辞，或者是情绪词汇的贫乏让他们只能借助这万能公式般的表达。咨询中，同感和理解自然是首先要做的。理解他们并表达同感，其实就是帮助他们澄清他们的感受、解析出“烦”和“郁闷”背后更多细微的情绪。

**2、可怕的“无聊”**

比起“烦”、“郁闷”或者“囧”更有杀伤力的是另一个词——“无聊”。

“我们要去春游啦。”——“无聊。”

“这个活动中你觉得怎样？”——“无聊。”

“你准备参加竞选吗？”——“无聊。”

“无聊”意指“无兴趣”，也许是为了表明自己超越同龄人的成熟以“耍酷”，有一些青少年会把“无聊”当做口头禅或者挡箭牌。相信你已经想象当他们吐出“无聊”二字时脸上不屑一顾的表情，似乎是没有什么能够挑动他们的情绪。这是一件挺可怕的事，它似乎抵御了负面情绪的伤害，但实际上也掩盖了出现积极情绪的可能。

对于陷于“无聊”的孩子，也许更加有必要帮助他们卸下防备、感受情绪，鼓励他们活出更真实的自己。

在表达情感方面，许多人的词汇不够多，无法描述他们所经验的种种情感（Rudolph F.Verderber & Kathleen S. Verderber，1996），例如一个人可以感觉到自己在生气，但不容易分辨是被欺骗、被打扰、嫉妒或震惊等不同，这些都是描述生气的感觉，但是程度及形式上会有差异，若能增加更多的词汇，并了解其强弱程度的区别，可以帮助学生较明确地描述自己的情绪感觉。

这次团体设计主要就是藉由情绪雕塑、情绪词典等活动，以活泼的方式提供多种情绪形容词的刺激，让成员了解情绪有多样性的区分，并且在情绪座标图的活动中，让成员透过互相讨论，以决定各种情绪词汇所代表的强弱程度，活动目的是希望成员能认识更多的情绪词汇，且能辨别情绪的强弱，进而在情绪表达时能更加贴切。

情绪会影响到的层面广泛，以下分为四大类来探讨情绪会影响的部分：

(1) 身心健康：例如过度焦虑会使胃酸分泌失常，而产生胃病，就是情绪影响身体健康的例子。当身体健康受到影响时也同样会对心理的适应造成影响。

(2) 人际关系：因为个人的负向情绪状态会使人际关系产生不安状态，让对方不愿意维持较长久的关系。容易生气的人也容易在人际中退缩或逃避社会性聚会，因而阻碍社会能力的发展。

(3) 行为：青少年的行为表现大都事出有因，情绪状态就是一个主要的促动力量，情绪反应常是青少年行为动机的根源。而情绪状态兼有正向与负向功能，对青少年行为的影响也是双方面的，关键在于青少年情绪的类型、强度及自我因应的策略。

(4) 情绪是青少年喜悦与快乐的来源：青少年可能因经验到较愉悦或欢欣的情绪而觉得人生充满了希望，也可能因为克服了焦虑与恐惧的情绪，感到成就，并建立了信心。情绪经验同时也是青少年追求自我实现的动力。

## 【教学设计】

### 教学目标

(1) 认识情绪及其基本类型和表现形式。

(2) 认识情绪本身对人的影响。

### 教学对象

初一

## 教学准备

制作心境卡片

## 教学过程

### （一）导入：自由联想

**1. 自由联想**

（将“情绪”写在黑板上）

师：听到、看到“情绪”两个字使你联想到什么呢？

生 1：有人不开心的时候，我们会说他“有情绪”了。

生 2：发火。

生 3：火山。

生 4：闷闷的感觉。

生 5：下雨天。

生 6：开心，轻飘飘的感觉。

生 7：垂头丧气。

……

师：提到情绪，有的同学想到不好的感受像闷闷的感觉、垂头丧气，有同学想到好的感觉像“开心、轻飘飘”，有同学提到有情绪的时候的行为，比如发火，还有对情绪的比喻像火山、下雨天。我们每天都在经历情绪，那究竟什么是情绪、有哪些情绪？情绪对我们又会产生什么影响呢？

**2. 总结学生的发言：**

情绪就在我们生活中。今天的课，我们就要一起来走近情绪、认识情绪。（出示课题：情绪知多少）对情绪，你了解多少？

### （二）游戏：情绪雕塑

**1．分组并分发卡片**

请学生两两配对，每组一张卡片，上面都画着一张情绪脸谱，并标明情绪词汇。如：愤怒，害怕，兴奋，屈辱，忧郁等。要求做好保密，不把卡片上的内容给其它人看或者发出声音。

**2．每一对搭档表演出卡片上的情绪。**

具体做法是：一个人装作不会动的模特，另一个人则按照卡片上的要求安置模特的腿、手以及面部表情。全班同学一起来猜一猜那一对人表现的是什么情绪。

师：有没有志愿者，我们可以先示范一下。

（邀请志愿者作为模特上台，老师使他摆出手舞足蹈的样子，表情大笑舒展。）

师：猜猜看，我们表演的是什么情绪？

生 1：高兴。

生 2：开心。

生 3：兴奋。

师：答对了，我们想表达的是“兴奋”。就是这样玩。明白了？开始行动吧！给大家的时间大约 3 分钟。注意保密，不能发出声音哦！

（学生两两配对，抽取情绪卡片。准备表演。）

师（拍手示意时间到，学生回到座位）：好，哪组同学先来试一试？

（A 组同学表演：皱眉、瞪眼、咬牙、屏气、握拳）

师：这是什么情绪？

生 1：生气。

生 2：愤怒。

师（问 A 组的“雕塑师”）：是这样吗？

A 组代表：是的。

师（问观众）：你们是怎么知道的呢？

生 1：他的眼睛都要瞪出来了，脸又憋得通红，好像努力忍着愤怒。

生 2：他拳头握起来了，好像马上就要爆发了。

师：很好，大家看到了人生气、愤怒时候的样子。这咬牙切齿、怒目圆瞪的样子，就是愤怒。

（将“愤怒”的表情卡片贴在黑板上）

（视时间再请 2-3 组学生表演）

……

**3．在学生做出猜测后，展示相应的表情符号，将情绪的表达抽象化。**

**4．引导：**

情绪也称作心情、感受，我们可以通过人的眉眼表情阅读到人的情绪。

师：为什么我们的雕塑并没有说“我很生气”，但是大家却还是知道了呢？

生：通过表情、动作。

师：是的，情绪又叫感受（feeling），或者心情（mood）。我们常常可以通过人的眉眼表情阅读到他人的情绪，这种表情能够超越语言，常常是全世界、甚至动物世界都通用的。

## （三）活动：情绪词典

**1．提问引入：**

除了刚才同学们表演的情绪外，你曾经体验过的情绪还有哪些？

**2．列举情绪：**

师：将学生曾经体验过的情绪，根据情绪基本类别分行板书

生 1：期待。（板书到第一行）

生 2：失落。（板书到第三行）

生 3：无奈。（板书到第三行）

生 5：担心。（板书到第四行）

生 6：不满。（板书到第二行）

生 7：恐惧。（板书到第四行）

生 8：安心。（板书到第一行）

生 9：嫉妒。（板书到第五行）

生 9：敬畏。（板书到第五行）

生 10：愧疚。（板书到第五行）

生 11：害羞。（板书到第五行）

……

师：同学们说了很多，当然这可能还只是我们情绪词典的一小部分而已。让我们来看看，如果要给这个情绪词典建一个目录的话，可不可以给它们分分类呢？我们常常说，人有——

生：喜、怒、哀、乐。

师：乐？

生：和喜一样啊。

生：担心、恐惧、紧张……这些应该是怕。

师：是的，这是一类和害怕有关的情绪，可概括为“惧”。那么最后还有一行呢？

生：很难归类。

师：是的，人类的情绪是非常复杂的，喜、怒、哀、惧仅仅是最基本的情绪类型。但实际上，我们生活中体验到的情绪常常可能是一种混合、复杂的情绪。比如，嫉妒，可能有“怒”的成分，对他人的成功感到气愤和不满，也有“哀”的成分，对自己的失败感到遗憾和难过。

师（指第一行）：再看一看，这一类和快乐有关的情绪，属于“喜”。这些同样描绘“喜”的情绪有什么不一样吗？

生：程度不一样。像“满意”只是微笑，“狂喜”就是哈哈大笑了。

师：嗯，情绪是有不一样的强度的。那“喜”这种情绪和其他所有这些情绪又有什么区别吗？

生：“喜”是我们喜欢的情绪，其他的怒、哀、惧，都是不开心的、我们不喜欢的。

师：太好了，又发现一个规律。让我们感到愉快的情绪，可以称为“正性情绪”；而那些让我们不快的情绪，可以称为“负性情绪”。有没有介于两者之间的呢？

生：惊讶，疑惑，平静……这些说不上喜不喜欢。

师：对的，这就是中性情绪。

师：现在我们知道，情绪有不同的类型，有强弱之分、正负之分。这里有一个情绪坐标图。中间代表平静，左边代表正向情绪，右边代表负向情绪，中间代表中性情绪。离中心点越远，代表情绪越强烈。请看看一开始你抽到的情绪卡片应该放在这个图的什么位置呢？（请学生将卡片黏贴到黑板上的情绪坐标图中）

师：看看大家是否都同意这个情绪坐标图里的分类呢？

**3．讨论：情绪的分类**

(1) 归纳喜、怒、哀、惧四种基本情绪，提示情绪具有复杂性。

(2) 引导情绪有强弱之分、正负之分。

**4．练习：情绪坐标图**

(1) 在黑板上画出“情绪坐标图”，请学生将抽到的情绪脸谱卡片根据正负、强弱的不同黏贴到黑板上的情绪坐标图中。

(2) 提示学生检查情绪坐标图，对有异议的情绪卡片进行讨论。

### （四）故事汇：情绪的力量

**1．提问：**

情绪有好坏之分吗？是否正性情绪就是好的？负性情绪就是不好的呢？

**2．学生自由发表看法。**

讨论：是不是正性的情绪就是好的、负性情绪就是不好的呢？

生1：我认为是的。因为如果人总是生气，会容易生病的。中国有句古话说：怒伤肝、忧伤肺。

生2：我也赞成这个说法。中国还有一句古话，说“笑一笑，十年少”，说明保持快乐的心情能让人变得年轻。而且我看到一个报道，说患癌症的人如果保持愉快的心情，甚至能够战胜癌症。

师：这两位同学说的，是情绪对人的身体产生的影响。的确，情绪会给我们的健康带来巨大的影响。这里有两个例子。（出示“情绪影响健康”案例）

师：从这两个例子里，你发现了什么呢？

生：正面的情绪能够促进人的健康，负面的情绪会损害人的健康。这让我想起我的太婆，她已经快九十多岁了，身体还非常好。她最大的特点就是很和气，每天都开开心心的。

师：看起来好像是这样的，但是我们再看一个例子。同学们说到的“怒伤肝、忧伤肺”其实还有后文，那就是“恐伤肾、思伤脾、喜伤心。”我们再来看一个例子。（讲述故事：范进中举）

师：怎么喜也会伤心呢？

生：太激动了也不好。

师：确实是这样的。其实，喜怒哀惧都是正常的反应，它们对身体产生的负面影响，要么是情绪太过强烈、要么是由于长时间地处于负面的情绪之中。

师：那么，除了对健康会产生影响之外，情绪还会对什么产生影响吗？

生：我觉得情绪会对我们的学习产生影响的，考试的时候如果心情轻松，就会表现得好，但是如果很紧张，有时候头脑中会一片空白的。

生：我不同意他的观点。考试前太轻松也不行，要紧张一点，才能充分做好准备。

（出示“情绪影响注意力”的实验）

师：的确，情绪会对我们的学习产生影响。大家都有这样的感觉，考试时候的心情是会影响到考试的发挥的。实际上，两位同学说的都有道理，一定程度的紧张可以促进我们的学习，但是太紧张了反而会阻碍我们的学习。

生：我觉得情绪还会对我们的人际交往产生影响。如果一个人总是闷闷不乐的，别人跟他说话他也会不理不睬，这样没有人会喜欢他的。而如果我们常常生气，肯定会惹得身边的人不开心。

生：我同意，在我们班，小奇的人缘特别好，就是因为他是我们的开心果。如果有什么不开心的事情，他在你面前一站，就好了！

师：是的。说起情绪对人际交往的影响，我们可能听说过这样一个故事——

（讲述“踢猫效应”）

师：情绪是会传染的。快乐可以传染，害怕、悲伤、生气这些负面情绪，同样可能影响到我们身边的人。看了这些故事之后，我们再来看看刚刚那个问题——是不是正性的情绪就是好的、负性情绪就是不好的呢？你有什么新的发现吗?

生:不能绝对地这样讲。正性的情绪大部分对我们是有利的，但是太激烈也许也会有害;负性情绪并不一定是有害的，比如考试考砸后会难过、考试前稍微有点紧张，也许还能够帮助我们做得更好。

师:是的，情绪并没有好坏之分，只要它是由适当的原因引起的，反应的强度也和事实相称，并且在这种因素消失之后，反应能够逐渐平复，那么这种情绪反应就是正常的，并且对我们的生活都是正常而有益的。但是太过强烈的情绪反应，或者持久性的负性情绪，就会对我们的健康和生活带来伤害。

**3．结合案例，引导学生多角度评估情绪对生理、心理、认知、人际交往等多方面的影响。**

(1) 情绪影响健康:过度强烈的情绪、长时间的负性情绪会损害健康。案例:“法拉第的故事”、“疾病与情绪”、“范进中举”等。

(2) 情绪影响人际交往:如果你的情绪是愉悦的，那你更容易和人进行积极的交流;如果你情绪不佳（生气、悲伤、害怕），你可能会对找你说话的人恶言相对。案例:踢猫效应。

(3) 情绪影响认知:情绪影响注意力范围，焦虑水平影响学习效率。案例:多伦多大学实验。

注:以上对情绪的说明采用师生问答，老师的角色是做补充与结论。

## （五）结束:我的情绪脸谱

**1．教师今天的心情**

教师从黑板上的情绪脸谱或者情绪词汇中，选择一个词语代表今天的心情，并说明为何挑选这一张。

**2．学生现在的心情**

邀请学生挑选情绪词汇来表达自己在课堂上的心情，并说明原因。

**3．布置作业**:情绪过山车。在学习单上写出一星期中印象深刻的情绪，并注明引发这种情绪的事件原因。

**4．结束语**:情绪是丰富多彩的，就像我们的生活一样。接下来的课中，我们将继续认识情绪、感受情绪，并且学习管理情绪，做情绪的主人。

师：今天的课，我感到很欣喜，因为大家在表演时很有创意、在回答问题时很积极、在倾听时很认真。谢谢大家的支持。你呢，你的心情是怎样的呢？

生：我也觉得很开心，因为“情绪雕塑”这个游戏好好玩！

生：我感到有点紧张，因为在同学们面前表演“雕塑”、又不能乱笑，还是很挑战的！

生：我觉得有点惊讶，没想到平平常常的情绪还有这么多学问！

生：我觉得有点担心，因为我就常常不开心的，我会因此折寿吗？

……

师：情绪是我们生活的一部分，并且对我们生活的方方面面都产生着重要的影响。接下来的课中，我们将继续认识情绪、感受情绪，并且学习管理情绪，学习做情绪的主人。为了帮助大家了解自己的情绪，请大家完成这份“情绪过山车”的作业。（出示示范单）在这张情绪坐标图上记录下接下来一个星期中，每天让你印象最深的一种，并注明引发这种情绪的事件原因。

## 学生反馈

生A：今天的课太好玩了！尤其是“情绪雕塑”的游戏。我扮演的是“雕塑师”，为了让我的“模特”摆出“恐惧”的造型，我可是想尽了办法！我先是让他模仿我的表情，结果总觉得他还是想笑！你知道我后来是怎么做的吗？我给他讲了一个鬼故事！可把胆小的依依吓惨了！这可是真实的恐惧哦！

生B：今天学习到了很多表达情绪的词语。我怎么觉得女生在这方面好像比男生强很多！好像那些词语很多都是女生想出来的。说实话，我平时基本上不太会用这些词语。比如别人惹毛我了，我可能就会想到“气死我了”，但是其实这背后还有“羞辱”、“气恼”这些感觉，以后我可以试着用更多的词语来形容我的感觉，不然太单调了。

生C：学到了很多和情绪有关的知识，比如情绪有强弱、正负中性之分。这些其实平时自己也是知道的，但是从来没有意识到。我觉得情绪就像小精灵一样，一直在我们生活中影响着我们的生活，但是我们却常常看不到它、忽略它。这好像不太应该哦。

生 D：这节课我们讨论了情绪对我们的影响。我不知道情绪在我们生活中竟然这么重要！不仅会影响到我们的学习和人际关系，而且还会对健康有这么大的影响！这让我有点担心我的妈妈，她好像一直不开心，而她也很容易生病。我现在特别希望能做些事让她开心起来！

## 【教学反思】

这是情绪单元的第一课，我希望能够让学生觉察到生活中情绪的存在以及情绪对我们的生活的影响，并且学会用更多的词汇表达自己的情绪。我们花了不少时间将本节课和第二节课“觉察情绪”进行区分。最终的讨论结果是：本节课侧重向外的观察，注重观察情绪在他人身上的客观存在和对生活的影响。而第二节课则更多向内的体验，重在觉察自己的情绪产生的过程。

本节课比较成功的地方在于：

**1. 激发学生学习情绪单元的兴趣**

为了弥补情绪课较为抽象的先天不足，只能够依靠“有趣”的形式来引起中学生的学习兴趣了。

“情绪雕塑”这个活动充分调动了学生参与的热情，让学生在非常轻松的环境中开始观察他人的情绪表达，并且开始思考自己的情绪表达。

**2. 引起学生进一步学习情绪管理的需求**

作为情绪管理单元的第一课，激发学生的学习需求是本节课最重要的目的之一。所以本节课用了相当的时间去讨论情绪对生活产生的影响。在激发学生讨论、提供案例支持、引导学生反思的流程之后，让学生觉察到情绪无处不在的影响，进而激发了学生进一步学习后续情绪管理课程的需求。

**3. 为后期学习奠定基础**

本节课的基础性体现在这两个方面：

(1) 丰富情绪已有的词汇。"情绪词典"让学生通过"头脑风暴"来互助学习更多情绪词汇，并在此基础上初步了解情绪的复杂性，为后期帮助学生体验到更丰富的情绪、更精确地表达情绪奠定了基础。

(2) 树立了较为科学的"情绪观"。以往对情绪的影响的探讨非常强调负面情绪对生活产生的消极影响，这种做法会让学生对负面情绪产生排斥情绪。本节课相对更强调情绪的两重性，让学生初步了解情绪并无好坏之分，只要是合理、适度的情绪都有利于人的适应。这种观念的建立将有助于学生接纳情绪，这对学生更好地管理情绪具有深远的影响。

## 【教学建议】

1. 情绪词典、情绪的影响力等环节主要采用讨论的形式，能否激发学生的参与跟班级活跃程度有很大关系。如果需要更多调动学生的热情，可以考虑形式的改进，如运用小组竞赛的形式。
2. "情绪雕塑"活动中，学生未必能准确猜出表演的情绪词汇，提示"雕塑师"认为同学的回答接近"答案"时给予提示，如"接近了"，鼓励学生说出更多的情绪词汇。
3. "情绪词典"的环节需要教师对情绪词汇和分类有较高的敏感度，需要教师事先熟悉关于情绪的词汇及其基本分类。另外，教师需要区分正性、负性情绪与积极、消极情绪的区别：情绪的正负性是指情绪的快感度而言，而积极、消极则是针对情绪对个体或社会产生的影响而言的（例如，"路见不平一声吼"包含的愤怒情绪是一种负性情绪，但是却是有积极意义的。）
4. 关于"情绪的影响力"我们可以找到很多研究或者案例，若能找到学生生活中的故事可以使其更具说服力。但在甄选案例的时候需要注意可能会对学生产生的负面影响，尽量避免带有暴力或违背伦理的实验、或者过度夸大情绪负面效应的案例。

5. 课后作业“情绪过山车”是为了促进学生对日常情绪的觉察，为下一节课做好准备。如果布置了这项作业，需要在下节课时进行分享和反馈。

## 【教学资源】

### 一、“情绪雕塑”环节使用的情绪脸谱卡片

（建议每张卡片制作成 A5 大小，以使黏贴到黑板上时能让学生看清）

## 二、“情绪词典”的常用情绪分类

| **和快乐有关的情绪** | | | | | | |
|---|---|---|---|---|---|---|
| 高兴 | 好受 | 开心 | 快活 | 快乐 | 庆幸 | 舒畅 |
| 爽快 | 甜美 | 甜蜜 | 感动 | 愉快 | 舒服 | 畅快 |
| 愉悦 | 满足 | 感动 | 满意 | 欢喜 | 狂喜 | 惊喜 |
| 喜滋滋 | 乐淘淘 | 心花怒放 | 心旷神怡 | 幸灾乐祸 | 喜出望外 | 兴高采烈 |

| **和生气有关的情绪** | | | | | | | | |
|---|---|---|---|---|---|---|---|---|
| 不满 | 烦燥 | 焦燥 | 气愤 | 恼火 | 恼怒 | 愤慨 | 震怒 | 暴怒 |

| **和悲伤有关的情绪** | | | | | | |
|---|---|---|---|---|---|---|
| 忧郁 | 沉重 | 低落 | 忧愁 | 悲伤 | 伤心 | 心酸 |
| 苦闷 | 哀伤 | 疲惫 | 意志消沉 | 沉痛 | 痛苦 | 痛心 |
| 痛苦 | 气馁 | 沮丧 | 麻烦 | 伤感 | 惨然 | 难过 |

| 和害怕有关的情绪 | | | | | | | | |
|---|---|---|---|---|---|---|---|---|
| 胆怯 | 胆战心惊 | 发憷 | 害怕 | 惊吓 | 恐怖 | 恐惧 | 受惊 | 心有余悸 |
| 担心 | 紧张 | 着急 | 急躁 | 焦急 | 焦虑 | 心慌 | 恐慌 | 心慌意乱 |

| **和自尊有关的情绪** | | | | | |
|---|---|---|---|---|---|
| 自信 | 自大 | 自卑 | 无能感 | 自负 | 自豪 |
| 骄傲 | 得意 | 高傲 | 狂妄 | 体面 | 优越感 |

| **和厌恶有关的情绪** | | | | | | | |
|---|---|---|---|---|---|---|---|
| 怨恨 | 仇恨 | 敌视 | 敌意 | 嫉妒 | 反感 | 可恨 | 可恶 |
| 厌烦 | 别扭 | 烦闷 | 难受 | 讨厌 | 厌恶 | 憎恨 | 心烦 |

| **和难为情有关的情绪** | | | | | | |
|---|---|---|---|---|---|---|
| 困窘 | 狼狈 | 慌乱 | 丢脸 | 羞辱 | 羞愧 | 害羞 |
| 羞愧 | 不好意思 | 惭愧 | 羞耻 | 害羞 | 可耻 | 尴尬 |
| 亏心 | 愧疚 | 腼腆 | 难堪 | 难看 | 怕羞 | 无措 |
| 懊悔 | 抱歉 | 内疚 | 后悔 | 过意不去 | 悔悟 | 懊恼 |

（续表）

| 与孤独有关的情绪 | | | | | | |
|---|---|---|---|---|---|---|
| 孤独 | 孤单 | 孤立 | 寂寞 | 空洞 | 冷落 | 无依靠的 |
| 与同情有关的情绪 | | | | | | |
| 感激 | 心疼 | 同情 | 感动 | 可怜 | 可惜 | 惋惜 |
| 和平静有关的情绪 | | | | | | |
| 平静 | 安宁 | 安然 | 安详 | 安心 | 安慰 | 淡漠 |
| 淡然 | 放心 | 冷静 | 漠然 | 漠视 | 宁静 | 轻松 |
| 踏实 | 坦然 | 心安理得 | 心静 | 心平气和 | 镇定 | 镇静 |

## 三、“情绪词典”环节的“情绪坐标”板书

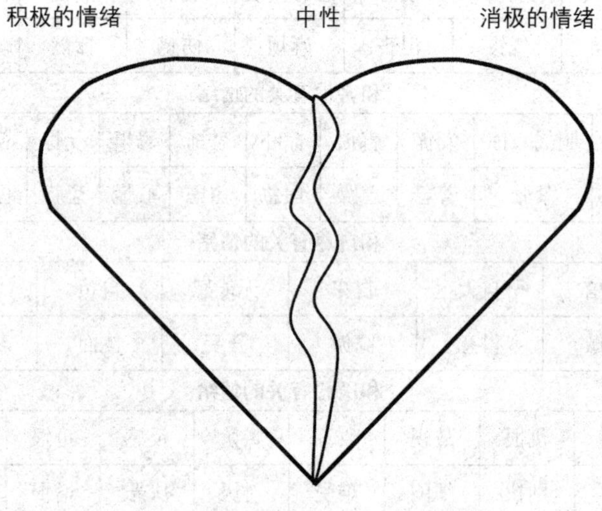


## 四、“情绪的影响力”案例

**1. 法拉第的故事**

英国著名科学家法拉第年轻时由于工作紧张，神经失调，身体虚弱，久治无效。后来，一位名医给他做了详细检查，没有开药方，只留下一句话：“一个小丑进城，胜过一打医生。”法拉第仔细琢磨，觉得有道理。从此以后，他经常抽空去看滑稽戏、马戏和喜剧等，并在紧张的研究工作之后，到野外和海边度假，调剂生活情趣，以保持心境愉快，结果

他活到 76 岁，为科学事业作出了很大的贡献。

**2. 疾病与情绪**

有学者曾对五百多人进行调查分析，结果表明，人们在经历一系列紧张事件后，各种疾病都有所增加。据美国耶鲁大学医学院报告，在所有门诊病人中，属于情绪紧张而患病的占 76%。这些病人因为长期陷于某种情绪状态，对那种紧张心情已经习以为常，所以往往把注意集中到身体的症状上，而不觉得它和情绪有关了。

**3. 范进中举**

在《儒林外史》里面有大家熟知的故事“范进中举”。范进考举人老考不取，到五十多岁还考不取，屡考屡败。最后一次在他自己都不抱任何希望的时候，却突然接到通知考中举人了，这时候他是大喜过望，结果没想到，大喜之后就疯了。

**4. 踢猫效应**

某公司董事长为了重整公司一切事务，许诺自己将早到晚回。事出突然，有一次，他看报看得太入迷以至忘了时间，为了不迟到，他在公路上超速驾驶，结果被警察开了罚单，最后还是误了时间。这位老董愤怒之极，回到办公室时，为了转移别人的注意，他将销售经理叫到办公室训斥一番。销售经理挨训之后，气急败坏地走出老董办公室，将秘书叫到自己的办公室并对他挑剔一番。秘书无缘无故被人挑剔，自然是一肚子气，就故意找接线员的茬。接线员无可奈何垂头丧气地回到家，对着自己的儿子大发雷霆。儿子莫名其妙地被父亲痛斥之后，也很恼火，便将自己家里的猫狠狠地踢了一脚。

## 五、情绪影响注意力的实验

加拿大多伦多大学心理学助理教授安德森以 24 名大学生志愿者为研究对象，测试他们在不同情绪状态下完成不同任务的情况。志愿者被指定完成两项任务，其中之一是解决创造性问题，需要与众不同的词语联想，而另一个是视觉任务，需要志愿者忽略其他扰乱视线的信息。测试结果显示，正面情绪的个体在完成词语联想和解决问题任务中表现得更好，但正面情绪也削弱了个体在视觉测验中的表现，因为与负面情绪相比，个体在正面情绪状态中更容易被周围的细节分散注意力。安德森得出结论：“如果把注意力比作聚光灯，那么正面情绪将会扩展聚光灯的范围，而负面情绪会牢牢锁定聚光灯的目标。”

## 六、课后作业单——“情绪过山车”

**情绪过山车**

请在横向时间轴上标注产生情绪的日期,纵轴上表明情绪的强烈程度。并在每一个“情绪点”上标明情绪的具体名称和产生这种情绪的原因。建议每天记录一种印象最深刻的情绪,并在一周后把所有“情绪点”用曲线连起来。

例:

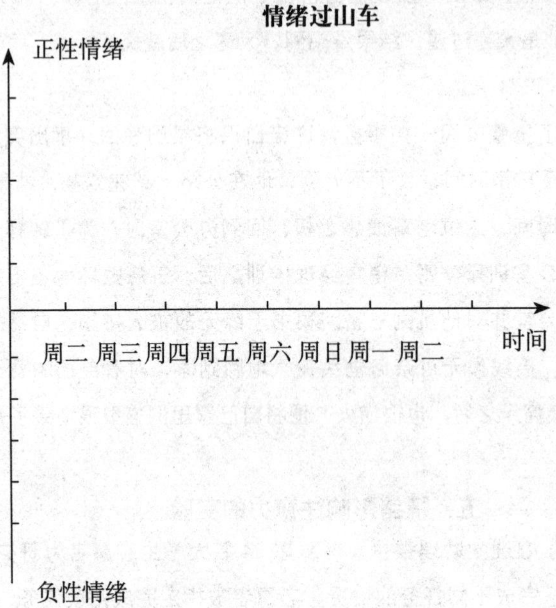

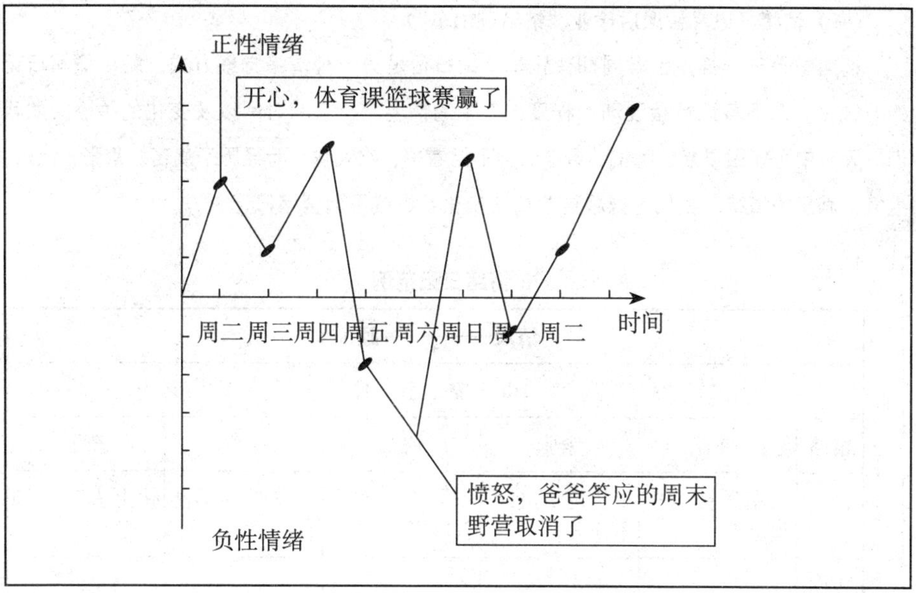


## 七、替代活动

**（一）"进化论"（替代"自由联想"）**

规则：全体人员先蹲下作为鸡蛋，而后相互找同伴进行猜拳。赢者进化为小鸡；而后找麻雀同伴再猜拳，赢者进化为凤凰，猜输者退化为前一个阶段。

分享：刚刚这个游戏中，你的心情怎么样？

引入：同学们在游戏中体会到了"激动"、"失望"、"开心"等种种心情。心情，又叫"感受"、"情绪"，我们每天都在体验，而且常常还是不断变化的。那么对情绪，你了解多少呢？今天让我们一起来走近情绪。（出示课题：情绪知多少）

**（二）"情绪接龙"（替代"情绪词典"）**

（1）将全班分成四大组，请各组抽取代表的心情。例如：第一组代表快乐；第二组代表生气；第三组代表害怕；第四组代表难过。

（2）当老师念到数字 1 的时候，第一组就必须说出一个和快乐同义、相近或者可以替代的情绪字词，且不可重复。如果有小组没能在时限之内回答出应发表的情绪字词就算淘汰。

（3）教师先示范一个具体的例子（如"厌恶"）。让所有同学知晓规则，并强调团结合作。

**（三）情绪日记（替课后作业“情绪过山车”）**

情绪像天气一样，会有周期变化，情绪日记是另一种情绪觉察方式。藉由像写日记的方式，记录下每天情绪波动的程度、产生的情境、持续的时间以及变化的关键。如我们一天当中可能因早起、考试、看电影、不能看书、吃大餐，而经历了痛苦、紧张、快乐、生气、满足的情绪。我们可以将这些情绪变化整理成下列情绪日记。

**※ 情绪日记范例**

| 月日 | 清晨——→睡前 | | | | | |
|---|---|---|---|---|---|---|
| | 重　要　事　件 | | | | | |
| | 情绪 | 痛苦 | 紧张 | 快乐 | 生气 | 满足 |
| | 原因 | 从温暖被窝中爬出来 | 早上考试准备不充分 | 和同学一起去看电影 | 室友吵闹不能看书 | 晚上去吃一顿大餐 |
| | 正向 | | | | | |
| | 负向 | | | | | |

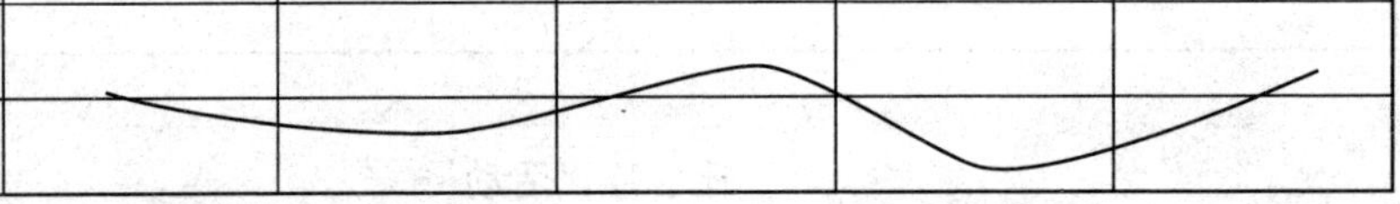

# 第三章

# 情绪信号灯

## 【教学背景】

**对话 1：跑出教室的小 A**

小 A：我根本就没有说话，是前面的同学转过头来。

师：当时老师误会你了，你觉得很委屈。

小 A（哭）：为什么我就这么倒霉呢？

师：当时你跟老师说明情况了吗？

小 A：没有，没有人会相信我的。

**对话 2：离家出走的小 B**

小 B：我妈妈老是管东管西，我很不爽，我自己的事自已知道该怎么做。

师：妈妈很关心你。

小 B：是的，但她不了解我。我已经长大了。

师：你希望独立，所以你决定离开这个家？

小 B：我当时没想那么多，只是想要离她远远的。

**对话 3：与人打架的小 C**

小 C：我也不知道我为什么会这样做。只是当时一下子就好生气。

师：发生了什么让你很生气？

小C：他看不起我。

师：感到被侮辱，这的确会让人生气的。

小C：我就想让他闭嘴。

**对话4：考完试的小D**

小D：我感觉不好。

师：你有不好的预感，担心可能会考不好？

小D：嗯，我前面做得太慢了，后面时间就来不及了。

师：是不是有些懊悔，没有分配好时间？

小D：是的。如果前面抓紧一点就好了，最后一题我明明是会做的。

对于正处在青春期的中学生来说，身体、心理的突变带来的是情绪活动的丰富和不稳定。由于情绪发展尚不成熟，他们很难准确体察或描述自己的情绪；同时，他们情绪敏感、情绪两极性明显，容易情绪化，也容易陷入激情状态，常常不能够意识到自己在某种情绪的推动下做了什么，也不能预见其行为的后果是什么。这种对情绪的不自知是危险的。要让他们学会控制消极情绪的发展，培养平和、稳定、健康的积极情绪，首先就要引导学生觉察到自己的情绪。

情绪有两个层面：意识与无意识。绝大部分时候，情绪潜伏于无意识的层面静静酝酿，它会"不知不觉"指示你的行为，而你并不会意识到它们在起作用。在平时，我们不乏生气、伤心、焦虑等负面的情绪体验，但是很多时候我们并没有感觉到这种情绪。我们常常会压抑一些负向的感觉和情绪，却在不自觉中向不相关的人和物发泄出来。把那些被我们压抑在无意识层面的东西翻出来，翻到意识层面来，我们才可能去处理它。把无意识的情绪翻到意识层面来，这就是"情绪觉察"。

一般辅导活动的理论都会提到认识情绪、表达情绪与处理情绪，对于觉察情绪则着墨很少。事实上，情绪形成时力量很大，人淹没在情绪当中，在不知道自己的身心出了什么变化的情况下，无法真正地认识且面对自己的情绪，所以更谈不上适切地表达情绪、处理情绪。而学习觉察情绪可以让我们在情绪一形成马上觉察，知道自己的身心起了什么变化，预防可能发生的非理性的行为反应——尤其是负面情绪，而非等到非理性的行为发生了才来处理它。

我们很难对“情绪”一词下一个明确的定义，综合国内外学者的看法，情绪可归纳为以下四种：1. 主观的心理感受；2. 个人认知评价；3. 身体生理变化；4. 外显的行为表现。在情绪状态下伴随产生的生理变化与行为反应，当事人是无法自我控制的，情绪二因素理论（Schachter–Singer theory of emotion）认为个体在刺激状态下的生理变化与认知反应都是形成情绪经验的原因，因此个人对情绪中所产生的生理变化及行为反应的认知，有助于觉察情绪的存在，并且辨别情绪的不同。

# 【教学设计】

## 教学目标

（1）了解情绪发生时会产生的身体反应和想法，学会观察自己和他人的情绪反应，初步认识情绪产生的过程。

（2）觉察自己处在某种情绪状态时的身体反应、想法和行为趋势，初步认识自己常有的情绪及其反应方式。

## 教学对象

初一年级学生

## 教学准备

（1）学生准备好“情绪过山车”学习单

（2）课堂作业单：情绪信号图——人形海报

（3）课后作业单：情绪地图——情绪反应模型

（4）音乐准备：

巴赫《勃兰登堡协奏曲》的爵士乐版，激发愉悦情绪

普罗科菲耶夫《亚历山大·涅夫斯基》，激发负面情绪

## 教学过程

### （一）引入：情绪过山车

**1. 复习与回顾**

学生拿出上节课的作业单“情绪过山车”，回顾上周印象深刻的情绪事件。

**2. 回想最愉快的强烈情绪**

请学生闭上眼睛，回想上周情绪的最高点（最愉快的强烈情绪），教师播放快乐的音乐，催化学生进入情绪中。

引导语：现在，请闭上眼睛。来，一起做三个深呼吸。深深吸气……慢慢地呼气……回忆上周，有一天是最开心的……那天发生了什么呢？现在想起来，心里还是美美的……是兴奋吗？还是喜悦？是温暖吗？还是感动？……这种感觉是否很让你留恋呢？好好再感受一下，感受你身体的感觉……

**3. 回想最负面的强烈情绪**

请学生回想上周情绪的最低点（最负面的强烈情绪），教师播放悲伤的音乐，催化学生进入情绪中。

引导语：快乐的时间总是短暂。现在，请你回想上星期最糟糕的一段时间……那天，又发生了什么呢？现在想起来，依然感觉那么糟糕很糟糕……是悲伤吗？还是委屈？是生气吗？还是无助？……回忆那种感觉，你的身体在发生什么样的变化呢……

（学生在音乐中冥想、回顾上一周的情绪体验，音乐结束，学生睁开眼睛。）

**4. 分享与讨论：**

刚刚的活动中，你体会到了什么情绪？身体有什么样的感觉吗？

生 1：一开始感觉到的是很轻松、很愉快；第二首感到很不爽，很郁闷。

师：能不能具体描述一下，当你感觉到轻松的时候，身体是什么感觉？当你感觉到郁闷的时候，身体又是什么感觉？

生 1：轻松的感觉就是很放松、无拘无束的感觉；郁闷的感觉是乱乱的、浑身不舒服。

师：好的。其他同学呢？

生 2：第一首曲子的时候，我感受到的是开心，回想起了上个星期发考卷时的心情，身体是轻飘飘的，晕乎乎的，很得意，忍不住想笑出来。第二首曲子的时候，我感受到的是生气。当时是妈妈要我穿一件很难看的外套，我不肯，就和她吵架了。我感觉到脸烫烫的，透不过气来，很烦闷，想要大喊大叫。

生 3：我一开始想到的是妈妈同意我暑假去日本了！感觉好 High！很激动很兴奋！心都咚咚跳！后来听到第二首曲子，心情就慢慢安静下来了，心跳也慢下来了。

生 4：我感觉到一开始的心情就像春天一样，空气也是香香的，身体的每一个细胞都很轻松、呼吸很顺畅，我想到的是和好朋友一起去外面玩；后面的感觉就像冬天，很低落，很悲伤，心很沉，我想到的是我的一个朋友不理我了。

师：大家已经感觉到，在聆听两首曲子、沉浸到某种情绪的时候，身体会有不一样的感觉。其实，每当有一个情绪小精灵到来的时候，它总是会通过某种方式通知我们，比如现在我们感受到的呼吸、心跳这些身体的感觉。通过这些信号，我们就知道——情绪来了。

（出示课题：情绪信号灯）

### （二）情绪信号图

**1. 过渡：**

身体变化——这是情绪发出的第一个信号。

**2. 提问：**

他现在可能有的情绪是什么？他可能遇到了什么事？

如果要确定他的情绪，还需要增加哪些信息？（语言、行为）

**3. 引导：**伴随着身体变化，还有想法、行为等信号，来确定情绪。

（结合图片描述：有一位同学现在有这样的感觉——他的手心、额头一直在出汗，他觉得头有些晕晕的。他的呼吸很急促。他感觉到心慌、口干舌燥，他的腿有些发抖，他好想上厕所……）

（出示情绪信号图图例）

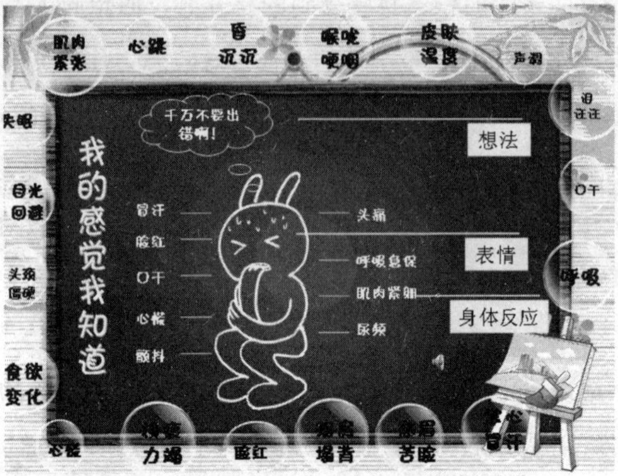


师：大家猜猜看，这位同学现在可能有的情绪是什么？他可能遇到了什么事？

生 1：他很紧张，可能要考试了他还没有准备好。

生 2：他很害怕，可能考砸了他回到家门口、不敢回家怕被父母骂。

生 3：我猜他很紧张，可能是要上台演讲了。

生 4：我猜他是做坏事被老师逮住了，叫到办公室，老师还没来……他很害怕。

生 5：我猜他是在听鬼故事，受到惊吓。

师：很棒的推理，听起来都很有道理。通过描述，大家比较一致地感觉到他可能很害怕或者紧张，这都是属于“惧”这种情绪的。当他感受到害怕或者紧张的时候，他心里可能在想些什么呢？他可能会做什么呢？

生 1：考试没准备好的人，他可能在想，我还没准备好怎么办啊？完了完了，肯定死定了。他可能想逃。

生 2：如果他是被老师叫到办公室去批评，肯定在想，待会儿老师来了我肯定没好果子吃的。他也想逃。

生 3：如果他是在听鬼故事，他可能想：鬼来了！他会躲到毯子里。

师（结合 PPT 演示）：很好，我们可以发现，当情绪发生的时候，伴随着身体变化，头脑中会产生想法，而接下来可能就会做出、或者想要某些动作或者行为，这些都是我们的情绪信号。

**4. 绘制情绪信号图：**

请学生从“情绪过山车”中选择印象最深的一种情绪，写明引发这种情绪的事件，以及在这种情绪状态下的生理、想法、行为反应。人形轮廓可以自己画，可以从老师处领取四种基本情绪的模板。

师：接下来有一个任务，请学生从“情绪过山车”中选择你上星期体验到的一种情绪，简单写下引发这种情绪的事件。像这张图一样，画出在这种情况下你会有的身体姿态，写下你的身体反应和头脑中的想法，以及可能会有的行为反应。轮廓只要画出大概的样子就好，不求精细，画火柴人也没问题。我这里有快乐、生气、悲伤、害怕四种基本情绪的身体轮廓，需要的同学可以来取。

生：老师，我画不好。可以写吗？

师：可以的，只要你能够把你当时的样子描述出来，画或者写都可以。

(学生作图。教师巡视教室，观察进度并给予指导。)

(大约五分钟之后。)

**5. 分享：**

(1) 情景再现：学生以独角戏（可以自言自语）的形式表演出在当时情景下的情绪反应。

(2) 情绪猜猜猜：猜猜他上一周印象最深的事情是什么？他当时的情绪是什么？当时他的情绪是什么？

(3) 学生代表出示自己的情绪信号图，描述自己当时的感受。

师：现在大家都做得差不多了。我们来玩一个“独角戏”的游戏来表现你画下的情绪。可以用动作、表情来表现，也可以加上自言自语表达自己的想法。但是不可以直接说出自己遇到了什么事情或者自己的心情，这个是留给大家来猜的。好吗？谁先来试试？

（生 1 上台表演：咬牙切齿，手中握着纸团。口中说：“凭什么他们可以、我就不能呢！”）

生 2：他肯定遇到了什么不公平的事情，他觉得很生气。

生 3：他对自己生气，因为别人能做到的事情他不能。

生 4：他看起来很生气，心里却很委屈，可能要哭了。可能是觉得老师不公平。

生 1（出示自己的“情绪信号图”）：答对了。事件：因为作业抄袭被老师批评；身体反应：脸红，心跳加快，呼吸急促，肌肉紧张；想法：这很不公平，别人也在抄啊！情绪：委屈；行为反应：砸东西发泄。

（视时间邀请 2-4 位学生表演。）

## （三）情绪地图

### 1. 提问

从刚刚的情绪信号图里，你是否了解了情绪是怎么发生的？

### 2. 教师总结

教师总结学生的发言，出示并说明情绪反应模型（见教学资源：情绪地图）：

当一件事情发生时，我们身体马上就会出现反应，同时头脑中会对这件事情做出一个解释，这就形成了我们心理的感受，并且做出相应的行为。

### 3. 结合案例说明情绪地图

当听到有人在背地里说你坏话的时候，你可以发现自己的心跳加速、胃部开始紧缩，同时头脑中对自己说：“他真是太不讲道理了。”这代表你可能已快被对方激怒，如果你不加调整的话，接下来你的行为可能就是大打出手了。

师：从这些情绪信号图里，我们是否能够发现情绪是怎么发生的？

生 1：在一件好事情或者坏事情发生之后，我们就可能有情绪。

师：当事情发生之后，我们的身体里、头脑里发生了什么呢？

生 2：我们的身体会有一些反应，像呼吸会加快、肌肉会紧绷。同时我们的头脑里也会产生一些想法。

师（结合 PPT 讲解）：是的，情绪来临的时候我们会有生理反应，这常常被我们忽略。比如呼吸活动变得加速或减慢。例如，当人们高兴时每分钟呼吸17次；消极悲观时每分钟呼吸9次；积极动脑时每分钟呼吸20次；恐惧时每分钟呼吸64次；愤怒时每分钟呼吸40次。同时，我们头脑中会对刚刚发生的事情做出一个解释，解释这件事情对我们意味着什么。身体的感觉加上头脑中的想法，合成了此时此刻我们的心情，并且指引我们做出相应的行为。

师（结合学生A的作业单）：比如A同学，在因为作业抄袭被老师发现批评之后，出现的身体反应是脸红心跳，呼吸急促，肌肉紧张；想法：这很不公平；这两个信息告诉我们他可能觉得又羞愧、又委屈（恼羞成怒），于是可能靠砸东西来掩饰自己的羞愧、发泄心里的不满。

师：我们对自己的情绪的身体反应和想法了解得越清楚，我们就越有可能准确把握我们的情绪、处理我们的情绪。

### （四）结束

**1. 引导学生思考**

现在我们知道了情绪是怎么发生的、又是怎么影响到我的行为的。从这张地图里看，如果想要改变我们的情绪，有哪些方法呢？

**2. 结束**

如果我们能够改变我们的身体的反应，或者我们头脑中的想法，或者控制我们做出的行为，就有可能来影响、改变我们的情绪感受。这里具体的方法，将在我们后面的课中来学习。

**3. 布置作业**

记录下一周中体验到的一种正性情绪和一种负性情绪，并分别制作情绪地图。

## 学生反馈

生A：第一个活动我很喜欢。我本来就是容易被音乐感染的人，随着音乐我很容易就回想起了上星期发生的两件事——一件是快乐的，一件是难过的。当我跟着老师的引导体会身体的感觉时，我注意到了我的心跳和呼吸——这是从来没有过的事情，我觉得很神奇，原来情绪会让我们的身体发生这样明显的变化！只是我们以前没有去好好体会。

生 B：画“情绪信号图”对我这样平时就喜欢画漫画的人来说真是一个展示自己的好机会！我发现画漫画对了解情绪、表达情绪都很有帮助。比如，我平时就会注意观察别人的表情并且用简单的笔画画出来,读表情也很容易。还有，画想法也是我常用的方法嘛！而行为，再加一幅图就足够了！其他的课上还真没有机会好好表现，今天这节课让我为自己喜欢漫画而感到骄傲！

生 C：我最喜欢表演独角戏那个环节。这和上节课的“情绪雕塑”有点像，只不过这次可以动，还可以说话。我觉得我们班的表演人才真不少！虽然我没有上场，但是看他们表演、猜他们的情绪也是一件很有意思的事情。让我觉得很有收获的是：生活中我们也会猜别人的情绪，但是不会和别人一本正经地讨论他的感觉，也就不知道自己猜得对不对。我佩服老师能够说出某人“恼羞成怒”的感觉，可能当时他自己都没有意识到。

生 D：最后一个部分的“情绪地图”，我觉得有点难懂。而且我不知道，我们有必要对情绪了解得那么清楚吗？这对我们的生活有什么用吗？我听得有些迷糊，希望下节课能得到解答。

## 【教学反思】

本节课的主题是“情绪觉察”，重点内容是通过生理反应和内心想法觉察个体自身情绪产生的过程，同时也涉及了觉察他人情绪的产生。

情绪的自我觉察有两种主要的方式：一种是找出个人的情绪脉络，对自己的情绪状况进行记录，了解自己的情绪周期及变化的原因，如“情绪日记”以及上节课的“情绪过山车”作业；还有一种方法是练习觉察自己情绪的生理变化：生理反应是快速而明显的，若能及早感觉，便可防范于未然。这第二种是我们目前关注得比较少的，也是这节课的重点所在。

本节课的活动设计利用音乐的引导，帮助学生回顾遇到不同情况所产生的情绪、当时的生理反应及想法，并将其转变画在海报上。通过这个活动，让学生学习从自己生理、想法行为的转变中发觉自己的情绪，这是迈向描述情绪的基础，这次活动所学习的觉察对未来情绪调节的课程将很有帮助。

本课较为成功之处是以较为简单和有趣的方式帮助学生了解了复杂情绪发生理论。情绪是怎么产生的？情绪有哪些成分？也许多数成年人也未曾思考过这些问题，更难思考出一个答案。目前已有不少相关的情绪研究，本课以情绪二因素理论作为基础，让初中学生尝试内观、反思自身情绪产生的过程。这无论从认知上，还是行为操作上都是不小的挑战，但这又是较系统地理解情绪不可缺少的步骤。所以，我试图以"漫画＋表演"的形式帮助学生领会和理解情绪发生的理论。从课程反馈来看，虽然仍有部分学生对后面的理论总结感到枯燥和难以理解，多数学生还是喜欢这种体验形式的，并且在潜移默化中了解了情绪发生的过程。

## 【教学建议】

### 1. 改进的建议

本课作为觉察情绪的专题，侧重在自我情绪的反应觉察（尤其是生理反应），而对他人情绪的觉察以及自我情绪周期的觉察均着墨不多，原因已经在教学反思中有所提及。如果希望帮助学生更全面地觉察情绪并且时间允许，可以在课内外增加觉察个人的情绪脉络的练习。

(1) 可运用书写方式，写下让自己有情绪的事件，并为情绪命名。例如：

| 事　件 | 情绪命名 |
| --- | --- |
| 1. 早上上课时突然接到家里的电话，家人说妈妈生病住院了。 | 紧张、焦虑 |
| 2. 上体育课跑步，不小心摔倒，膝盖破皮流血。 | 难过、痛苦 |

(2) 思考面对不同事件时，自己的情绪有哪些差异，以增进情绪觉察。例如：

| 事　件 | 情绪命名 |
|---|---|
| 1. 上体育课跑步，不小心摔倒，膝盖破皮流血。 | 难过、痛苦 |
| 2. 突然接获家里的电话，家人表示妈妈得了癌症，现正住院治疗。 | 难过、悲伤、失落 |

上述两个事件的情绪都是难过，但程度上有显著的差异。事件 2 的难过程度甚于事件 1，情绪的命名上也多了“悲伤”、“失落”的描述。

**2. 活动的建议**

(1) 学生回顾“情绪过山车”的时候，可能会出现因学校教师或者家长引起的负面情绪，对此任课老师应保持价值观的中立，若有亟需引导的问题，可以在课后进行个别辅导。

(2) 画“情绪信号图”的环节可能会很费时间，因为学生常常会对作画精益求精。教师可在活动前提示学生这个活动的时间限制，并告诉学生“画不好没关系，可以用文字、语言或者表演进行补充”。

# 【教学资源】

## 一、四种基本情绪信号图的学习单（轮廓）

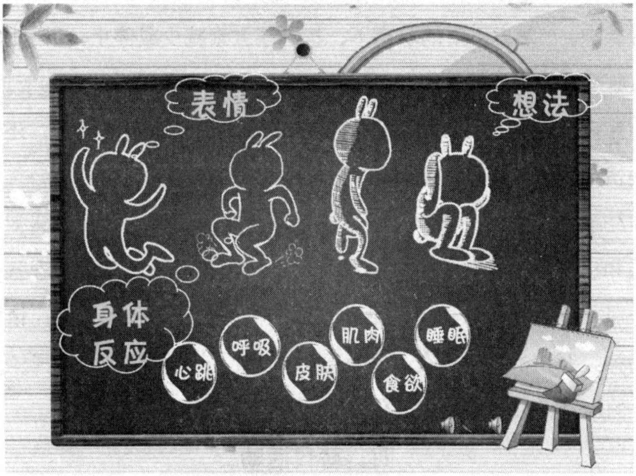


## 二、情绪地图（情绪反应模型）

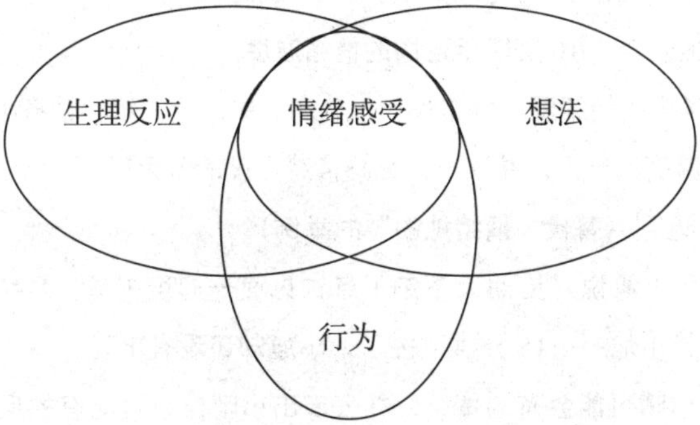


## 三、情绪带来的生理变化

1. 呼吸活动加快或减慢。例如根据研究，当人们高兴时平均每分钟呼吸 17 次；消极悲观时每分钟呼吸 9 次；积极动脑时每分钟呼吸 20 次；恐惧时每分钟呼吸 64 次；愤怒时每分钟呼吸 40 次。
2. 循环系统活动速度和强度发生变化。例如，研究人员可以用血管容积描记器测得情绪变化者的外周血管的舒张和收缩变化；用心动电流描记器和心电图测得情绪变化者的心跳速度或强度的改变；研究人员也能设法测得人们在恐惧、暴怒时的心跳、血压、血糖、血液含氧量等方面的变化。

3. 消化系统的活动强弱变化。愉快的情绪能促进人们的胃液、唾液、胆汁等的分泌。当消极情绪发生时，多种消化腺活动受到阻抑，食欲减退。

4. 内分泌系统活动变化。在激烈紧张的状态下，人们的肾上腺分泌增加导致身体进入应激状态；在焦虑不安的状态下，抗利尿激素减少或停止，引起尿急或尿频等。

5. 皮肤内血管的舒张和收缩引起皮肤电变化。情绪变化导致皮肤血管的舒张和收缩，进而引起皮肤电的变化。通过皮肤电测定仪测量皮肤电的变化，还便于测量交感神经的情绪反应，这是测量情绪变化的比较可靠的指标。

6. 植物神经系统的变化。植物神经系统包括交感神经系统和副交感神经系统。在大脑皮层和皮层下植物神经中枢的控制下，植物神经系统主要管理各种器官的平滑肌、心肌、腺体和内脏器官的活动，调节机体的新陈代谢机能。情绪变化直接影响植物神经系统的活动变化，进而导致循环、消化、呼吸、泌尿、生殖、皮肤等各系统的血管、分泌等发生变化。

## 四、替代活动

1．情绪温度计（替代“情绪过山车”）

A. 给学生听轻音乐，并回想一周来的心情起伏。

B. 请学生以 0 ~ 10 度表示这周的情绪温度。

C. 根据学生的情绪温度分布情形，分高、中、低三组，请各小组成员分享选择此情绪温度的原因，并谈一谈影响情绪温度的最大因素。

2．情景剧：迟到（替代“情绪地图”的举例）

剧本：小晴和小旭说好星期天下午 1 点钟见面一起逛书城。1 点钟，小晴准时来到书城门口，开始等小旭……15 分钟过去了，小旭却还没有出现……

请学生体会小晴可能会有的情绪，并表演出小晴当时可能有的反应，并用内心独白的方式说出小晴当时的想法。

可能 1：堵车是常有的事，小晴很平静，继续安静地等待。

可能 2：小晴觉得很烦躁，不停地看表、踱步、张望。

可能 3：小晴觉得很生气，想“怎么这么不守时！”愤愤地离开。

可能 4：小晴觉得有点担心，开始给小旭打电话。

……

鼓励学生尽可能多地发掘事情的可能性。在表演完每一种可能性后都进行讨论：小晴现在的情绪是什么？你是怎么看出来的？

教师归纳学生的发言：我们可以从表情、动作、独白（内心想法）、行为等方面体会到别人的情绪。那么，对于我们自己的情绪，又是怎么体会到的呢？

3. 情绪脸谱（替代“情绪地图”）

有人一紧张就会肌肉紧绷、胃部紧缩、有人会眉头深锁、有人会呼吸急促、有人会开始冒冷汗 ……请你回想一下自己的情绪，在下面的空白脸谱上画出不同的表情，并写出当时自己可能会有的想法，以及那些跟平时不一样的生理变化。

高兴 当________________________，我真的很高兴。
当我高兴时，我会________________________。

生气 当________________________，我真的很生气。
当我生气时，我会________________________。

悲伤 当________________________，我真的很难过。
当我悲伤时，我会________________________。

害怕 当________________________，我真的很害怕。
当我害怕时，我会________________________。

除了以上几种情绪外，你还可以想到更多的情绪以及情绪的脸谱来吗？想想看当时的感受以及发生的原因。

________
________________________________

________
________________________________

# 中篇：消极情绪的调整和表达

# 第四章

# 按下暂停键

## 【教学背景】

我的身体，为什么不听话？

12岁的女孩小雅：去年开始，我看到男生会觉得紧张。不是看见喜欢的男生很紧张，而是看见跟我年龄差不多的男生就好紧张。我也不知道为什么，就是很紧张，很紧张，甚至都不能呼吸，更不要说和他们说话了。我并不是想要紧张的，但是就是紧张。为什么啊？

13岁的男孩魔方：我的个性很容易冲动，激动的时候什么事情都做得出，说出的话也很过分。和别人吵架的时候会觉得心跳加快，还感觉一股热流冲向头脑。事后我都很后悔，但是却很难控制自己当时的情绪。这种现象正常吗？我怎么才能控制自己的情绪呢？

14岁的女孩落落：我是个情绪化的人，别人曾形容我是“火山与冰川的结合体”。我的人际关系非常糟糕，大家都受不了我的喜怒无常。心情好的时候，我会热情洋溢地主动跟人打招呼。可一旦发脾气，别人就会远离我。其实，我自己也活得很累，不知道自己下一秒钟会是什么情绪。我该怎么办？

狂风暴雨的青春期来得如此激烈，伴随着身体的变化，荷尔蒙也让男生女生的情绪变得更容易冲动、激动。他们的情绪反应如此迅速而剧烈，相比而言理智显得稚嫩和软弱。面对自己不知从何而起的情绪，他们感到惊慌失措。事实上，情绪的身体反应常常是在我们意识到之前就存在了，尤其是紧张、愤怒这些剧烈的情绪。要处理情绪，首先需要在觉察到情绪到来之后喊一声“暂停！”让自己在情绪失控之前先停下来喘息，让身体的反应有一个空隙，使得理智重新成为身体的主人。

在情绪发生时，我们通常会把注意力投注于外部事件的进展，很少关注自身身体和认知的变化。生理变化作为事实存在于我们的情绪反应过程中，却不断被我们忽略，结果，我们学习的情绪调节策略也常常更注重认知调节，而忽略了生理反应本身的调节。事实上，情绪生理反应的调节是认知调节的准备状态，只有冷静、放松下来，理性才能够占据情绪的主导地位。这就是我们之所以在情绪调节的第一课就集中分享、感受生理调节策略的原因。

情绪的暂停策略是有普适性的，并非只能用于某种具体情绪，而是在任何情绪状态中都能够使用到。有些方法，如注意力的转移策略是学生很早就开始使用的方法，在本节课中只是一笔带过。本节课的重点集中于被学生忽略或者不曾了解的生理反应调节——如深呼吸、渐进性肌肉放松、想象放松等策略。

## 【教学设计】

### 教学目标

（1）发现暂停技巧在打破情绪连锁反应中的作用。

（2）分享和学习暂停技巧，习得使身体反应冷静和放松的方法。

### 教学对象

初一年级学生

## 教学准备

(1) 短剧排练

(2) 讨论用的海报纸和笔

## 教学过程

### （一）短剧：《相撞》

**1．学生短剧表演（剧本见“教学资源”，可以课前找同学先演练）**

**2．提问：**

(1) 第一幕和第二幕有什么不同？这种不同是怎么发生的？

(2) 生活中，我们较常上演哪一幕？或者有另外的剧本？

**3．教师引入：**

大家可能发现了，如果我们在一种强烈的情绪来临、即将引发我们做出连串危险反应的时候，一声“卡”，暂停一下，结果可能就完全不同了。今天，我们就要来找到这身体的暂停键（出示课题：按下暂停键）

### （二）头脑风暴：我的暂停键

**1. 分组：**

全班分成A、B两大组，每个大组视人数分成若干4~6人的小组

**2. 头脑风暴：**

AB两组分别讨论以下问题，想出越多的答案越好。

(1) A组：暂停键使用的场合——在哪些时候，使用情绪的暂停键结果可能会更好些？

(2) B组：暂停键使用的方法——哪些方法让自己的情绪暂停、冷静一下？

**3. 分享：AB两组互相分享、验证讨论结果**

(1) 先由A组选出一个代表发表讨论结果海报，A组其他小组进行补充（板书记录），B组的同学进行审核，讨论哪些场合是确实需要暂停

键的；

(2) 再由B组选出一个代表发表讨论结果海报，B组其他小组进行补充（板书记录），A组的同学进行审核，讨论哪些暂停技巧是确实可以使用的。

师：我们先来做一个讨论，看看我们的情绪反应是否真的有一个“暂停键”。需要大家分成两个大组，这边三个小组作为A组，另三个小组作为B组。

（呈现PPT的活动说明）

师：A组要讨论的话题是“暂停键使用的场合”，也就是在哪些时候，让情绪先暂停一下、事情的结果可能会更好些？B组要讨论的话题是“暂停键使用的方法”，也就是有哪些方法让自己的情绪暂停、冷静一下？头脑风暴的规则是小组想出越多的答案越好，不要轻易地否认别人的答案。给大家讨论的时间只有两分钟。有问题的同学可以举手。

（教师停顿，看学生是否对规则有疑问。）

生：这是否是一个比赛？

师：A组和B组拿到的是不一样的题目，所以说不上是一个比赛。每个小组只要尽可能想出问题的答案就可以了。还有什么疑问吗？

师：如果没有问题了，我们就可以开始了。请每个小组派一位代表来领取讨论用的工具。

（小组代表领取海报纸和记号笔。）

（学生开始讨论；教师巡视各小组讨论的进程，对于讨论方向出现偏差或者出现困难的小组予以指导）

（两分钟后，教师拍手示意学生停止讨论。）

师：好，时间到了。现在A组哪个小组先来分享一下讨论结果？苹果派小组先来吧！

（苹果派小组的两位同学代表将海报纸拿到讲台前，面对全班同学做分享。）

小组代表1：我们小组讨论的话题是“暂停键使用的场合”。我们想到的需要使用暂停键的场合有：

- 和父母吵架，想要离家出走的时候；
- 被老师冤枉，想要骂人的时候；
- 被同学误解，想要打人的时候；
- 临近考试，想要逃跑不敢进考场的时候；
- 在考试时，头脑中一片空白的时候；
- 考完试没玩没了地担心的时候；
- 考得不好，越想越害怕的时候；
- 考得不好，觉得还不如死了好的时候；
- 被喜欢的人拒绝，觉得无地自容的时候；
- 在路上被人打劫，不知所措的时候；
- 着火的时候；
- ……

师：谢谢列举了很多具体的需要我们冷静下来的场合。A 组的其他小组有没有补充？

小组代表 2：我们和苹果派不同，写的比较概括。我们认为需要让情绪暂停一下会更好的场合有：

- 生气，想要破口大骂或者打人的时候；
- 绝望，想要自杀或者自残的时候；
- 紧张，不敢面对的时候；
- 害怕，面对危险的时候；
- 烦闷，不停地想一个没有答案的问题的时候；
- 激动，觉得天上掉馅饼的时候。

师：嗯，你们做了概括。也就是说，当一种情绪来得非常猛烈、让我们想要迅速做出反应的时候，像生气、害怕、兴奋，这时我们最好能够冷静和放松下来，这样才能够做出更理性的反应。B 组的同学认同 A 组同学的讨论结果吗？

（学生表示无异议。）

师：那你们有哪些可以让自己冷静和放松下来的方法呢？ B 组？

（第三个小组代表上台）

小组代表 3：我们想到的暂停技巧，也就是让自己冷静和放松下来的技巧有：

- 深呼吸；
- 把眼睛闭上一会儿；
- 在心里数数；
- 耸肩膀；
- 转脖子；
- 伸懒腰；
- 原地转圈；

……

师：好的，B 组其他小组有没有补充？

小组代表 4：我们也讨论到了深呼吸和在心里数数。还有一些其他的方法，如：

- 离开事情发生现场（这对生气很有用）；
- 洗个热水澡或者冷水澡；
- 听音乐；
- 看书；
- 看电视；
- 玩游戏；
- 跑步；
- ……

师：谢谢。大家觉得这个小组说到的离开现场、洗个澡、听音乐、看书……这些方法对于我们冷静或者放松有用吗？

生：有用的。做这些事情可以让我们暂时从生气或者难过、紧张这些情绪中解脱出来，等我们平静下来之后回过头来再面对让我们烦恼的事情，也许会处理得更好些。

师：的确，这是转移我们注意力的好方法。而这种暂时的注意力转移也许能够让我们恢复平静，把事情处理得更好些。但是这些方法是不是不受时间场地都可以使用的？

生：这些还是受限制的，像生气的时候，不是随时都可以找到一个地方冲澡的。

生：深呼吸、闭眼睛、数数、活动身体……这些方法使用起来更简单、容易控制一些。

师：是的，这些简单的动作作为暂停键，是我们随时随地都可以使用，我们更要好好把握。大家都提到深呼吸，你是怎么做深呼吸的呢？

**4. 教师引导**

师：很多时候，冲动的情绪会带来麻烦。而离开现场、深呼吸、把眼睛闭上一会儿、洗个热水澡、听音乐、数数、阅读、看电视、玩电脑游戏、运动……这些方法都可以使我们的身体冷静下来。其中，有些方法是不受时间场合控制都可以使用的，比如，深呼吸。你会深呼吸吗？

（可以请几位学生表演深呼吸的样子）

**5. 练习腹式呼吸法**

教师结合图片讲解、示范，然后引导学生练习（引导语见教学资源）。

（请学生表演深呼吸的样子）

师：大家用的方法还真不一样。我看到有的同学是大大的用嘴巴吸一口气、然后用嘴巴吐出来；有些同学是大口大口喘气。我们来看看被推荐的深呼吸是怎么样的，好不好？

（教师结合图片讲解、示范腹式呼吸法，学生练习）

### （三）活动：从紧张到放松（渐进性肌肉松弛法）

**1. 过渡**

师：深呼吸是很棒的一个暂停键，也是我们常常在生活中使用的冷静技巧。接下来再让我们体会另一种放松的方法。

**2. 学生在教师指导语之下进行渐进性放松。（放松指导语见教学资源）**

师：在刚刚这个活动中，你有什么感觉？

生：好舒服。

生：想要睡觉了。

生：感觉身体很听话。

师：那是什么控制了我们的身体，能让我们的身体从紧张到放松的呢？

生：老师的话。

师：老师的话总是那么有用？

生：当我们愿意跟着指令走的时候。

师：所以当老师念出一句指导语的时候，你自己也在对身体发出指令。你可以发现，我们对自己说的话、我们的想象都能够影响到自己身体的反应的，身体反应并不是完全不受控制。而当身体的肌肉放松下来的时候，心情同步也可以得到放松。

师：现在我们看看，在生活中，哪些时候可能可以使用到这种肌肉放松法呢？

生：前面说到的这些需要暂停键的地方，都可以使用。

师：是的，那使用这种技巧需要什么条件吗？

生：需要一定的时间。

生：而且最好不受干扰。

生：像考试前的紧张这种一个人产生的情绪、不要求马上做出反应的会比较合适。

**3. 教师总结**

师：当紧张不安、愤怒难耐的时候，我们会感觉到肌肉是紧绷绷的，这时对自己说话、让自己放松下来，会是非常有用的方法。但是这种方法是需要练习的。只有熟练掌握之后，才可以随时随地地使用。建议大家在课间休息或者准备上课的时候可以练习使用这种方法，这对调节紧张的学习状态也是很有好处的。

## （四）结束：幻想旅行

**1. 播放轻音乐，请学生以放松的姿态坐好、闭眼、深呼吸。**

**2. 教师引导学生想象放松，并结束课程。**

你和你的朋友很舒适地躺在一条小艇里，小艇开动了。今天的水面“很平静”，缓缓的波浪拍打着小艇，小艇来回晃动不止。你的腹部随着呼吸在上下起伏。你很平静地呼吸着。小艇来到一个小岛，你上了岸，你的朋友喧闹着在戏水。当玩累的时候你们回到小艇。此时你们才感觉自己的整个身体有沉重感。阳光照在你们的腹部，你们觉得很温暖。你们浑身上下都热了。你的心脏跳动得舒缓平稳……

今天，你找到了情绪的暂停键。从今往后，任何时候，只要你愿意，都可以把注意力放在自己身上，让自己的呼吸慢下来、肌肉松下来，身体冷静下来，头脑会变得更加智慧。

## 学生反馈

生 A：我们小组被分到 B 组。一开始的时候，大家一头雾水，不知道该说些什么。后来老师问我们："如果你很生气，又不想失控，你会做什么？"有同学说"深呼吸"，然后我们就说了很多可以让身体平静下来的动作。后来看到另一个小组补充的答案，就觉得我们的思路还是挺局限的。所以我觉得讨论是一种很好的方法，别人的想法可以引发我们的思考。

生 B：我很早就知道"深呼吸"是一种可以让人冷静下来的方法，但是我还是第一次学习使用"腹式呼吸法"。这可真不容易！我好像是倒过来的——吸气的时候肚子是瘪下去的。老师说，我们还是小宝宝的时候，还有我们躺在床上的时候都是自然就会腹式呼吸的。今天睡觉的时候我得好好练习一下。

生 C：我喜欢"从紧张到放松"的活动。老师的指导语好好玩！我感觉自己的身体跟着指挥，一下子紧张起来，然后慢慢放松，很有控制感。而且，在整个活动做完之后，就像是做过一次全身按摩，感觉特别放松和舒服。我很想在课余时间练习一下，希望我能坚持下来，这样，以后我随时随地都可以给自己做按摩了。

生 D：最后的结束很特别。伴随着轻音乐，老师让我们再一次进入想象的世界，再一次让身体放松下来。然后回顾今天学习的内容。这种感觉很奇妙，就像是有人在我心底轻轻地说话，那是从我心底发出的声音。整节课让我意犹未尽。

## 【教学反思】

本节课作为情绪调节单元的第一课，探讨的是一种具有普适意义的情绪调节策略——情绪的暂停策略。这种策略的目的是使学生在觉察自身情绪的生理反应的基础上，使用简单的冷静和放松技巧，平复或缓和身体反应的冲击，为进一步表达情绪或者使用认知调节策略调整情绪作准备。

从这个目标来看，本节课是有承前启后的作用的，这表现为：

(1) 承接情绪觉察的专题。上节课“情绪信号灯”引导学生将情绪发生时投注于外部事件的注意力转移到自身的身体反应和内心想法上，这为本节课的学习埋下了伏笔。在此基础上引导学生调节情绪的生理反应顺理成章，也使得学生对本节课的话题有较强的领悟力和学习的兴趣。

(2) 为后期具体情绪调节的专题奠定基础。后面将有专门处理愤怒、焦虑、抑郁等负面情绪的课程，情绪的暂停技巧在这些负面情绪的调节中都是有用武之地的。因此，后期在课程中我们可以提及、复习这种暂停技巧，而不需要再重点讲解或者特别说明了。

而从教学设计上来说，本节课主要分为两个部分：

第一部分：已有情绪暂停技巧的探讨和分享。以课前排练的情景剧《相撞》引入，呈现情绪觉察和暂停技巧的重要性，较好地激发学生的学习兴趣。而以“头脑风暴”的形式组织关于情绪暂停技巧的讨论，在短时间内调动学生的参与热情，使得两个关于暂停技巧的问题得到较为充分的讨论，也使得学生更好地分享已有经验。

第二部分：新的情绪暂停技巧的学习和练习。这个部分主要包括腹式呼吸法、渐进性肌肉放松法等较为专业的放松技术。主要采用的教学方法是示范、讲解，并请学生进行练习。作为集体训练，个别指导会影响到其他学生的投入，并可能因此使学生的学习效果打折扣，故只能提供给学生对新技巧的体验，要真正习得和熟练还需学生在课外花工夫。

在这节课中做的一个尝试是想象放松。也许是由于学生的年龄特点，他们很容易接受暗示，也拥有丰富的想象。因此，在渐进性肌肉放松的环节将指导语加入想象的成分，能让学生更容易找到控制身体的感觉。最后，伴随着轻音乐的想象放松结束，让学生在放松的感觉中结束课程，留下回味。

## 【教学建议】

1. 情绪的暂停技巧在愤怒管理、压力管理等具体情绪的调节中都会涉及，本节课是一种集中练习，教师也可以根据自身的课程安排将这个内容拆分到具体的情绪调节中。
2. 本课是针对初一学生设计的，若应用于更高年级，可以考虑使用较成熟的指导语替代本课中的指导语，如替代方案中渐进性肌肉放松指导语。
3. 进行放松练习最好在专用心理活动室，可以让学生躺下来。可以在课前将窗帘拉上、将光线调暗。
4. 使用轻音乐进行想象放松时，可以先请学生闭上眼睛聆听，约一分钟后开始叙述冥想词。

## 【教学资源】

### 一. 情景短剧《相撞》剧本

**第一幕**

演出者：甲、乙两位同学都戴着墨镜

“叮当！叮当！”下课铃响了，同学们都往外面冲。在教室门口，甲同学不小心撞到了乙同学。

乙同学（很凶的样子）说：“喂，你没长眼睛吗？”

甲同学（双手叉腰）说：“你才没长眼睛呢！怎样，想打架吗？”

乙同学：“打就打嘛！谁怕谁啊！”（手举高，要打人了）

卡！重新来过……

**第二幕**

演出者：甲、乙两位同学未戴墨镜

“叮当！叮当！”下课铃响了，同学们都往外面冲。在教室门口，甲同学不小心撞到了乙同学。

乙同学双手叉腰，眼睛瞪着甲同学，想要破口大骂。

甲同学也双手叉腰，眼睛瞪着乙同学，不甘示弱。

突然之间他们想到了什么，不禁同时做了三次深呼吸。

甲同学：“对不起！刚刚不小心撞到了你，你有没有怎样？”

乙同学：“没关系啦！”

## 二 . 腹式呼吸法图例

选择一个舒服的位置。开始练习时也可以站着或者躺着。然后把一只手放在腹部胸肋下缘。（如图 1）

闭上双眼，用鼻子慢慢地、深深地吸气。仔细感觉空气进入时的摩擦感。保持肩膀不动。感到腹部向外鼓出。同时，将空气深吸入肺内。保持吸气 3 ~ 5 秒钟，直到肺部已经充满空气。一、二、三……（如图 2）

缓慢地用嘴呼气。仔细体会气流从嘴唇流出的感觉。呼气 3 ~ 5 秒钟。一、二、三……在呼气的同时，腹部回收。（如图 3）

图 1

图 2

图 3

## 三 .“从紧张到放松”指导语

现在，我要教各位同学一种肌肉放松的技术，这个方法可以帮助你们学习放松的技巧，让你们的身体、肌肉不那么紧张，能够慢慢地放松下来。刚开始的时候，你们也许会觉得有些好笑或者有点困难，不必担心，只要注意老师的指示，按照老师的话去做就可以了。

下面有几件事要特别注意：一、要尽力、确实地照老师所说的指示去做；二、注意自己的身体肌肉在拉紧和放松的时候有什么不同的感觉；三、必须要时常练习，越常练习，就越能够放松。

首先，取下你的眼镜，把腰带或紧绷的衣服解开，找一个地方让自己舒服地躺或坐下来，双眼轻轻闭上，把手臂放在身体的两边，手打开，手心向上。

手和手臂

现在把注意力放在右手上，慢慢地握拳……慢慢地用力……再用力……继续用力握紧……继续用力……更用力……好，现在请你慢慢地放松下来……慢慢地放松下来……继续放松……继续放松……继续放松……掌心向上，去感觉放松的右手，是不是有一些麻麻的、放松的感觉？现在换左手，慢慢地握拳……慢慢地用力……再用力……继续用力握紧……继续用力……更用力……好，现在请你慢慢地放松下来……慢慢地放松下来……继续放松……继续放松……继续放松……掌心向上，去感觉放松的左手，是不是有一些麻麻的、放松的感觉？

手臂和肩膀

现在想象你是一只毛绒绒的、懒惰的猫咪，阳光真是温暖，你不由得想伸个懒腰。现在把手臂抬高……平放在耳朵边，慢慢地用力向上伸……用力……再用力……再用力些……好，现在慢慢地放下……放松……放松……再放松……

肩膀和脖子

现在想象你是一只胆小的乌龟，正在沙滩上漫步，突然来了一只大螃蟹，把你吓得躲进壳里去。现在把你的脖子缩起来，耳朵越靠近肩膀越好，慢慢地缩起来……再缩……再缩进去一点……再用力一些……好，慢慢地放松……放松……再放松……感觉脖子和肩膀的肌肉有些什么变化？

嘴部、牙齿

现在想象有一个好大好硬的口香糖，你张开嘴巴咬住它，现在请你用牙齿慢慢用力咬紧它……继续用力……继续用力……继续用力……好，现在请你慢慢地放松下来，慢慢地放松下来……继续放松……继续放松……继续放松……一面放松，一面感觉嘴巴旁边的肌肉慢慢地放松下来。

脸部和鼻子

现在，想象你的鼻子上方飞来了一只讨厌的苍蝇，可是又不能用手去赶它，你只好皱起鼻子试着把它赶走。现在慢慢地皱起鼻子……用力……继续用力……再用力……好，现在苍蝇已经飞走，慢慢地放松下来，放松……再放松……再放松。

肚子

哇！现在旁边来了一只好可爱的小象，它踩着沉重的步伐慢慢地靠近你，可是你已经来不及跑掉了。现在把注意力放在你的肚子上，想办法让肚子变硬，让肚子的肌肉拉紧，用力……再用力……继续用力……继续用力……好，现在小象已经离开了，请你慢慢地放松下来，慢慢地放松下来……继续放松……继续放松……继续放松……

## 四. 替代活动

(1) 味觉想象（替代情景剧《相撞》）

(上课铃响起后，老师请学生以舒服的姿势坐好，闭上眼睛)

引导语：你就这样闭上眼睛，想象你的手里拿着一只柠檬……一只黄灿灿的新鲜的柠檬……你双手感觉到这只柠檬的形状，通过手指的触感可以感知柠檬的质地……你拿起一把刀，从那只多汁光洁的橙黄色柠檬的中间切下去……柠檬的汁顺着你的手指流淌……你闻到了柠檬的香味，想象那多汁的橙黄色的柠檬果肉，看上去那真是一只好柠檬啊！闻一闻它，便给你带来十分清凉的感觉……于是你拿起那半只柠檬，用舌头舔了舔柠檬汁……你感觉到柠檬汁的纯天然美味……

提问：你在活动中有什么感觉？有什么发现？

引入课题：我们的想象可以带动身体的感觉。在上节课，我们了解了情绪到来之前会给我们信号，而当这些信号出现时，我们可以通过一些小方法使得身体的感觉发生改变。这就是我们今天要分享的内容。

(2) 渐进性肌肉放松法（替代“从紧张到放松”）

指导语：我现在来教大家怎样使自己放松。为了做到这一点，我将让你们先使身体紧张，然后放松全身肌肉。紧张及放松的意义在于使你们体验到放松的感觉，从而学会保持松驰的感觉。

下面我将指导你们全身肌肉逐渐紧张和放松，从手部开始，依次是上肢、肩部、头部、颈部、胸部、腹部、下肢，直到双脚，依次对各组肌群进行先紧后松的练习，最后达到全身放松的目的。

第一步：

深吸一口气，保持一会儿。(停 10 秒)

好，请慢慢地把气呼出来，慢慢地把气呼出来。(停 5 秒)

现在我们再做一次。请你深深吸进一口气，保持一会儿，保持一会再呼出。(停 10 秒)

第二步（前臂）：

现在，请伸出你的前臂，握紧拳头，用力握紧，体验你手上的感觉。（停 10 秒）

好，请放松，尽力放松双手，体验放松后的感觉。你可能感到沉重、轻松、温暖，这些都是放松的感觉，请你体验这种感觉。（停 5 秒）

我们现在再做一次。（同上）

第三步（双臂）：

现在弯曲你的双臂，用力绷紧双臂的肌肉，保持一会儿，体验双臂肌肉紧张的感觉。（停 10 秒）

好，现在放松，彻底放松你的双臂，体验放松后的感觉。（停 5 秒）

我们现在再做一次。（同上）

第四步（双脚）：

现在，开始练习如何放松双脚。（停 5 秒）

好，绷紧你的双脚，脚趾用力绷紧，用力绷紧，保持一会儿。（停 10 秒）

好，放松，彻底放松你的双脚。

我们现在再做一次。（同上）

第五步（小腿）：

现在开始放松小腿肌肉。（停 5 秒）

请将脚尖用劲向上跷，脚跟向下向后紧压，绷紧小腿部肌肉，保持一会儿，保持一会儿。（停 10 秒）

好，放松，彻底放松。（停 5 秒）

我们现在再做一次。（同上）

第六步（大腿）：

现在开始放松大腿部肌肉。

请将脚跟向后向下紧压，绷紧大腿肌肉，保持一会儿，保持一会儿。（停 10 秒）

好，放松，彻底放松。（停 5 秒）

我们现在再做一次。（同上）

第七步（头部）：

现在开始注意头部肌肉。

请皱紧额部的肌肉，皱紧，保持一会儿，保持一会儿。（停 10 秒）

好，放松，彻底放松。（停 5 秒）

现在，请紧闭双眼，用力紧闭，保持一会儿，保持一会儿。(停 10 秒)

好，放松，彻底放松。(停 5 秒)

现在，转动你的眼球，从上，到左，到下，到右，加快速度；好，现在从相反方向转动你的眼球，加快速度；好，停下来，放松，彻底放松。(停 10 秒)

现在，咬紧你的牙齿，用力咬紧，保持一会儿，保持一会儿。(停 10 秒)

好，放松，彻底放松。(停 5 秒)

现在，用舌头使劲顶住上腭，保持一会儿，保持一会儿。(停 10 秒)

好，放松，彻底放松。(停 5 秒)

现在，请用力将头向后仰，用力，保持一会儿，保持一会儿。(停 10 秒)

好，放松，彻底放松。(停 5 秒)

现在，收紧你的下巴，用力向内收紧，保持一会儿，保持一会儿。(停 10 秒)

好，放松，彻底放松。(停 5 秒)

我们现在再做一次。(同上)

第八步（躯干）：

现在，请注意躯干部肌肉。(停 5 秒)

好，请向后扩展你的双肩，用力往后扩展，保持一会儿，保持一会儿。(停 10 秒)

好，放松，彻底放松。(停 5 秒)

我们现在再做一次。(同上)

第九步：

现在上提你的双肩，尽可能使双肩接近你的耳垂，用力上提，保持一会儿，保持一会儿。(停 10 秒)

好，放松，彻底放松。(停 5 秒)

我们现在再做一次。(同上)

第十步：

现在向内收紧你的双肩，用力内收，保持一会儿，保持一会儿。(停 10 秒)

好，放松，彻底放松。(停 5 秒)

我们现在再做一次。(同上)

第十一步：

现在，请向上抬起你的双腿（先左后右或是先右后左均可），用力上抬，弯曲你的腰，用力弯曲，保持一会儿，保持一会儿。(停 10 秒)

好，放松，彻底放松。(停 5 秒)

我们现在再做一次。(同上)

第十二步：

现在,请紧张臀部的肌肉,会阴部用力上提,用力,保持一会儿,保持一会儿。(停 10 秒)

好，放松，彻底放松。(停 5 秒)

我们现在再做一次。(同上)

结束语：

这就是整个渐进性肌肉放松训练过程。现在，请感受你身上的肌群，从下向上，让全身每一组肌肉都处于放松状态。(停 10 秒)

请注意放松后的感觉，此时你有一种温暖、愉快、舒适的感觉，请将这种感觉尽量保持 1 ~ 2 分钟。(停 1 分钟)

(余下时间，指导学生练习)

# 第五章

# 面对心中的暴风雨

## ——具体情绪的接纳和调整之“愤怒”

## 【教学背景】

**1.“我们不应该生气”**

在一节关于人际交往的课上，我给学生讲了著名的“钉子”的故事：

从前，有一个脾气很坏的男孩。他的爸爸给了他一袋钉子，告诉他，每次发脾气或者跟人吵架的时候，就在院子的篱笆上钉一根钉子。第一天，男孩钉了37根钉子。后面的几天他慢慢学会了控制自己的脾气，每天钉钉子的数量也逐渐减少了。他发现，控制自己的脾气，实际上要比钉钉子容易得多。终于有一天，他一根钉子都没有钉。他高兴地把这件事告诉了爸爸。

爸爸说：“从今以后，如果你一天都没有发脾气，就可以在这天拔掉一根钉子。”日子一天一天过去，最后，钉子全被拔光了。爸爸带他来到篱笆旁，对他说：“儿子，你做得很好，可是看看篱笆上的钉子洞，这些洞永远也不可能恢复了。就像你和一个人吵架，说了些难听的话，你就在他心里留下了一个伤口，像这个钉子洞一样。”

我问学生：“这个故事带给你什么启发？”

“生气是不对的，它会伤人。”

“生气给人带来的影响是无法消除的，我们不应该生气。”

这些回答有些出乎我的意料，初一的孩子对“生气”这种情绪已经有了“对与错”、“应该与不应该”这样明显的价值判断，并且似乎得到了多数人的认同。

**2.“忍无可忍，无须再忍”**

在上情绪管理课之前，我对初一学生做了一次简单的问卷调查，包括最难处理的情绪、不同情绪的起因和反应，以及最近一周的情绪饼图。调查结果显示，愤怒体验平均占到学生日常情绪体验的 15%；约 18% 的学生认为愤怒是最难处理的情绪。

学生处理愤怒情绪的方式呈现两个极端：

A. 发脾气：当怒气冲上头，与人争吵或者乱摔东西，甚至发生肢体冲突。

50% 左右的学生表示自己面对愤怒会以“大叫”、“摔东西”、“打人”、“骂人”等攻击性行为进行发泄。这种愤怒能量的向外发泄带来的破坏性让人担心。

B. 生闷气：知道发脾气的后果，或者对愤怒的原因很无奈，敢怒而不敢言。

35% 左右的学生选择压抑愤怒。在进一步的访谈中，我发现压抑愤怒的学生有“我不可以生气”的价值判断、“生气也没有用”这样的习得性无助，或者“总归自己也有错”这类自责的内归因，这使他们体验到了“难过”、“悲伤”等抑郁情绪。

学生中压抑愤怒的行为常常与言行暴力并存，一种典型的且非常糟糕的行为方式是有多位学生提及的“忍无可忍，无须再忍”。

**3. 我们“为什么”以及“怎么”生气**

调查结果中，学生提及的让自己感到生气的事情常常和人际交往有关。

- 老师莫名其妙冤枉我，父母不理解我，朋友误会我。
- 没有经过我的同意乱翻我的东西。
- 不让我做想做的事情。
- 被人当众辱骂。
- 有些人捉弄我。

- 打篮球时对方老是对我犯规。
- 不尊重我，在我讲话的时候不听。
- 老师走进教室而且拿着一大堆练习卷子。
- 一件事情对我说几遍。
- 被人欺骗。
- 挂我电话。
- 有人在背后说我坏话。
- 被罚写检讨。

……

学生提及的处理方式包括：

- 埋头写字。
- 向别人抱怨。
- 心里暗暗诅咒。
- 闷在心里。
- 怒不可遏，心里暗骂。
- 打他。
- 忍住，保持平静。
- 看别的东西，分散注意力。
- 打篮球发泄。
- 打枕头，发泄自己的情绪。
- 词不达意，想发泄一下。
- 话少，面无表情。
- 大叫、喝水、磨牙。
- 愤怒地摔门而出，摔东西。
- 很烦躁，压抑自己的情绪。
- 找人打架，踢东西。

- 把键盘按键拔下来。
- 一次警告，两次大叫。
- 静坐。
- 发泄，哭、生闷气、打人。
- 想打人，不停地喝水，睡觉，咬嘴唇。

……

**4. 怎样看待“生气”**

每一种情绪都有助于人的适应，愤怒也有其价值和功用。愤怒是一种正常的情绪反应，愤怒的负面影响常常来自胡乱发泄愤怒、借愤怒逃避其他情感或者压抑愤怒。

(1)“挫折－攻击”理论认为，愤怒来自于期望落空。人的愤怒大部份来自于对生活中的不满及挫折，只是我们多数时候不能理智地找出原因，并采取合理的解决方法。也就是说，愤怒或者攻击性行为实则是表达挫败感的一种方式。

(2) 在临床心理学上，愤怒常常被认为是维护自尊的自我保护。在自尊感受到伤害时，人会愤怒，以停止伤害，维护自己的价值感。比如人对于辱骂产生的愤怒反应，正是出于维护自尊的需要。

(3) 弗洛伊德认为，压抑愤怒会导致抑郁，抑郁是愤怒内化的结果。

对愤怒的处理方式可分两个层次，一是以情绪为焦点，包括把怒气发泄出来、压抑下来或干脆逃避；另一类则是以问题为焦点，也就是，分辨引发愤怒情绪的根源为何，再针对症结，设法解决。美国精神医学会（American Psychological Asociation）认为，愤怒管理的目的在于减少怒气引发的情绪和生理激动，避免因此而反应失控，如此才能理性、平和地，进一步去根本解决造成我们愤怒的问题。

基于以上理论，本节课希望达成的目标是：

(1) 帮助学生建立一种更积极的态度——清楚自己愤怒的原因，接纳愤怒的存在而不是压抑、否认愤怒；

(2) 促成一定的行为改变——以积极的方式表达愤怒，而不是攻击、指责或抱怨。

# 【教学设计】

## 教学目标

（1）明白生气是正常的情绪反应，接纳生气情绪的存在。

（2）权衡生气的不同表达方式，选择以适当的方式表达生气。

## 教学对象

初一年级学生

## 教学准备

课前调查

## 教学过程

### （一）热身活动：天气预报

（音乐：渔舟唱晚）

**1. 说明规则：**

请学生用肢体动作播报各种天气。

- 晴——双手在头顶围成圆，放大放小。
- 多云——双手交叉移动。
- 阴——蒙住双眼。
- 小雨——手指弹动。
- 中雨——鼓掌。
- 大雨——拍腿。

- 雷雨——跺脚、拍腿。

**2. 活动：**

现在播报三日内天气。今天晴转多云，今天夜里起阴有时有小雨，局部雨量中到大，明天上午雨渐止转阴，明天下午有雷阵雨，后天上午晴，下午阴，晚上雷阵雨……

**3. 提问：**

天气预报到此结束。天气或晴或阴，就像我们的心情。比如，晴天像什么心情？（快乐）阴天呢？（郁闷）雨天呢？（难过）暴风雨呢？（生气）

**4．引人：**

天天是蓝天，每一天都很过得开心。但是实际上，我们在生活中也会有阴雨天，甚至出现暴风雨。今天，就让我们一起来面对生气这种情绪，面对我们心中偶尔会出现的暴风雨。

## （二）感受暴风雨：生气的能量

**1. 讲述绘本故事：《亚瑟的故事》**

周五的晚上，亚瑟想看他最喜欢的科幻片放松一下。“不行！”妈妈说，“看什么电视啊，快写作业去！”亚瑟开始生气了……

**2. 交流讨论：**

看完这个故事，你有什么感受吗？

生 1：生气的能量很大的，就像小宇宙爆发一样，破坏力指数超高。

师：会破坏什么呢？

生 1：会乱砸东西，损坏物品啊！也可能会伤害到人。

师：嗯，生气是一种有强大能量的情绪。

生 2：每个人都会有生气的时候的，我们也常常看到老师、家长这样大发脾气。

师：这个时候你会有什么感觉？

生 2：好害怕。

师：哦，通常别人生气的时候会让我们感到害怕。

生 3：我也有过这样的时候，大大地生了一场气之后，连自己为什么会生气也忘记了。

师：生气的时候情绪来得特别激烈，甚至会让我们忘记了生气本来的原因……

### （三）接纳暴风雨：生气的背后

**1. 过渡：**

生气是一种很有破坏性的情绪，但是有时候，我们的确会生气。在我们的调查中，同学们提到了这些让我们生气的事情——

- 爸爸妈妈袒护弟弟。
- 别人用难听的话骂我。
- 被人污蔑或者误解。
- 朋友说出我的秘密。
- 因为同学太闹，不能活动。
- 同学失信于我。
- 不听我说话、无视我的存在。
- 被别人欺骗。
- 妈妈说我的成绩没有好朋友的成绩好。

……

**2. 讨论：**

教师提问：这些事情让我们生气的真正原因是什么？（这些事情伤害了什么？）

生 1：如果我的爸爸妈妈袒护弟弟，会让我觉得很不公平，当然会很生气。

师（板书“不公平”）：当我们觉得不公平的时候，会感到生气。

生 2：被人污蔑或者误解，会让我们觉得不公平。如果有人用难听的话骂我，会感到很伤自尊的。

师（板书“伤自尊”）：当我们感到自尊心受到伤害时，会感到生气。

生 3：如果有人不听我说话、无视我的存在，我会感到他一点都不重视我，觉得自己好像很不重要一样。

师：不被重视，这同样也是伤害我们的自尊心的。

生4：如果妈妈说我的成绩没有好朋友的成绩好，这不仅伤害我的自尊心，而且会破坏我和好朋友之间的友谊。

师：嗯，这种比较的伤害力是很大的。

生5：同学太闹、不能活动，是因为这会让我们不能好好做自己想做的事情。

师（板书“被干涉”）：尽管他们未必有意，但是他们的确干涉到我们的活动了。

……

师：我们常常在感到不公平、受伤害、被忽略，或者被干涉时感到生气或者愤怒。生气的背后，我们真正的希望是得到什么呢？

生：希望公平。

生：希望别人不要继续伤害自己。

生：希望自己受到别人的重视。

……

师：是的，我们常常在感到受伤害、被忽略，或者自主权受到侵犯时生气或者愤怒。在生气的背后，我们真正的希望是能够停止外界的伤害、恢复自己的尊严。（板书：停止伤害、恢复尊严）

### （四）面对暴风雨：生气的表达式

**1．过渡：**

为了能够停止伤害、恢复尊严、争取权益，我们有时候会和人争论，有时候会沉默下来不说话，有时候会大发脾气，还比如亚瑟是不声不响就开始发脾气。每个人表达生气的方式是不一样的。你的生气表达式又是怎样的呢？

**2．学生活动：**

A．个人作业：请用简单的语句写下你在生气时候最可能有的行为反应。

B．小组活动：

◇ 分类：如果用天气来形容，小组内的各种行为反应分别像哪一种天气？

◇ 讨论：这些不同的行为反应可能会给我们带来怎样的影响？

◇ 分享：讨论结束后需要推选一名代表向全班做分享交流。

**3. 全班交流**

A．请第一组学生的代表分享自己小组的讨论结果，分类张贴并说明原因和影响。

（有哪些像阴天？原因是？影响是？哪些像是雷阵雨？原因是？影响是？其他的有哪些？）

B．其他小组看看有没有不一样的，分别说明原因并张贴。

（学生分小组讨论、在纸条上记录自己在生气时候最可能有的反应。分门别类贴在黑板上的天气图标下。）

A 小组代表：我们小组认为，"埋头写字"、"心里暗暗诅咒"、"面无表情，保持平静"这些反应属于"阴天"，因为这些反应看起来是没什么反应，但实际上内心在排山倒海啊。让人感觉很闷，透不过气来。总有一天会爆发的。

师："阴天式"的生闷气，会带来什么样的影响呢？

A 小组代表：会伤身体吧，而且等到他爆发起来的时候，肯定会更恐怖的。

生：如果一个人总是生闷气，别人可能以为他不生气，就更加欺负他的。

师：嗯。其他小组看看，还有哪些行为可能比较像"阴天"？

生："不说话"、"闷在心里。"……

B 小组代表：我们认为，"摔门而出"，"找东西摔"、"把键盘按键拔下来"、"大叫"、"打球"、"打人"这些行为像"雷阵雨"。因为它们像雷阵雨一样来得快去得快，发泄出来就好了。但是，在发泄的过程中，可能会伤到别人的。

师：很好的比喻，哪些雷阵雨比较安全、哪些可能留下后患呢？

B 小组代表：像"打球"这样用运动来发泄没有什么坏处，但是像"摔东西"就会有损失了，"打人"、"骂人"可能会发展成为"对打"、"对骂"。

师：嗯，这些行为肯定能让别人知道你生气了，但是有些发泄行为可能会让事情更加麻烦。其他小组看看，安全的"雷阵雨"还有哪些？

生 1：跑步，打枕头，打宣泄人，玩暴力游戏……

生 2：我认为打宣泄人、玩暴力游戏也可能会带来麻烦，会让我们的脾气变得更加暴躁。

师：嗯，可能也有这样的风险。那么会带来麻烦的“雷阵雨”呢？

生：踢东西、折磨小动物……

C小组代表：像“购物”、“吃东西”、“玩游戏”这些行为我们觉得像“多云”，因为这些行为可能会让我们忘记生气的事情，开心起来。

师：嗯，这些行为能够转移我们的注意力，他们会带来什么影响呢？

C小组代表：像“吃东西”可能会让我们变胖，“玩游戏”太多会影响我们的视力。

师：这些行为对解决让我们生气的问题有帮助吗？

生：如果我们心情平静下来之后不去面对它，那问题还是在那里。

师：看起来同学们在衡量一种生气表达式的时候，会从它能不能帮助我们恢复平静、能不能让我们和他人保持关系这些角度来看的。如果要更好地达到停止伤害、恢复尊严、争取权益的目标，我们可能需要更加清楚地说出自己的想法。

（板书：恢复平静、保持关系、表达想法）

**4. 提问促进思考：**

那么，怎样的方式可以帮助我们更好地表达想法呢？

以亚瑟的例子为例，亚瑟可以怎样让妈妈更清楚地了解他的想法呢？

生1：我会对妈妈说，我想要先看会儿电视，看完之后再做作业，保证完成作业。

生2：我会说，如果她不让我看电视，我就不写作业了。

师：不错，看来大家都认为“沟通、说出来”会是一种让别人了解自己想法的好办法。

## （五） 化狂风暴雨为和风细雨：神奇的四句话

**1. 过渡：**

成功的沟通涉及合适的场合地点、语气方式。大家一起看看，如果亚瑟是这样说出他的感受，故事是否可能有些不一样？

**2. 呈现“神奇的四句话”**

◇ 妈妈，当你不让我看科幻片而让我去做作业时，

◇ 我觉得非常生气，

◇ 因为我学习了一个星期很累了，我需要放松和休息，

◇ 我希望你可以给我更多的自由时间。

这种表达方式像哪一种天气？像不像化狂风暴雨为和风细雨？让自己的情绪有了一个出口，并且也不会给他人带来太大的伤害。这就是“神奇的四句话”：

◇ 当……(具体描述出发生的事件)

◇ 我觉得 ______ 生气(描述自己生气的程度)

◇ 因为……（描述自己产生这种感觉的真正原因）

◇ 我希望……（描述自己希望解决问题的最好方案）

**3. 活动：**

学生尝试用“神奇的四句话”进行表达练习。(背景音乐：八音盒)

(提醒：可以在名称栏写代号)

**4. 学生分享：**

师：清楚、明白地说出自己的感受也许需要很大的勇气和智慧，有谁愿意尝试一下吗？

生：我想对妈妈说，当你说我什么都不如别人的时候，我真的很生气，因为这让我感觉自己一无是处、你很讨厌我，我希望你能够看到我有时候真的很努力地想要做好，我希望你能夸夸我。

生：我想对 * 老师说，当你布置那么多作业却说一点都不多的时候，我真的有点生气，因为这意味着我们难得的假期又泡汤了，我希望你能够在放假的时候少布置一些作业。

生：我想对我的同学小 A 说，当你把我借给你的书弄得脏兮兮的、又毫无歉意地还给我时，我真的非常、非常生气，因为这是我很喜欢的一本书，而你却一点都不在意，我希望你能买一本新的书还给我。

……

师：也许你觉得在大庭广众之下谈论自己的感受有些不合适，那么你可以试

试在下课后和让你生气的人聊聊，或者你觉得写下来就已经让你感觉很不错了，那么，可以把纸贴在日记本里，或者撕掉，都没有关系，这取决于你。

### （六）结束：风雨之后有彩虹

让我们一起来回顾一下(结合板书)。今天,我们一起讨论了生气背后的原因、分享了表达生气的方式、也学习了用神奇的四句话。我想这能够让我们找到一种适合自己的恢复平静、保持关系、表达想法的方式，来面对我们心中的暴风雨，这样，我们就能够看到风雨之后的彩虹!

## 学生反馈

生 A：我一直觉得生气是不对的，因为没有人会喜欢和一个常常生气的人在一起。直到今天的课上，我才知道，生气本身无所谓对错，它是一种正常的反应，如果说它有破坏性，也是因为处理它的方式不对。

生 B：我常常被欺负，当有人无缘无故地打我一下或者叫我侮辱性的绰号的时候，我其实真的很生气。可是，我却常常装着无所谓的样子。我也不知道为什么会这样子，也许是我不敢表达出来吧。但是，这种闷着的感觉真的很难过，而且，久而久之，他们认为我是一个不会生气的人，更加过分地来招惹我。我觉得总有一天我会爆发的！今天的课让我明白了，忍并不是最好的处理方式，我应该让他们知道，当他们欺负我的时候，我真的很生气。

生 C：我生气的时候会大喊大叫、摔东西、骂人，所以大家都怕我。我唯一的一个朋友告诉我，大家怕我，不是因为我的暴躁，而是因为搞不清楚我什么时候会生气、为什么生气。我不喜欢爸爸妈妈小心翼翼地对我，也不喜欢同学们离我远远地。我要改改我的坏脾气，我不开心的时候，可以告诉他们，而不是不讲道理地乱发脾气。

生 D：平时，情绪好像不受我控制似的，我从来没有想过我到底为什么生气。“神奇的四句话”对我帮助很大，这几句话至少可以帮助我搞清楚自己为什么生气、我希望怎么样，其实虽然我觉得在生活中要我说出来太正式了点，但是，就像老师说的，怎样表达生气是一种习惯，而习惯是可以改变的。

## 【教学反思】

如何表达情绪，不仅和个人的性格、气质有关，也和社会文化有很大的联系。在我们的传统文化里，“怒”偶尔和刚烈、奋争有关，如“怒发冲冠”、“奋发图强”，这种愤怒的表达常常是直接付诸行动。更多时候，我们提倡的是“和为贵”、“忍耐”，压抑可能带来攻击性的愤怒情绪，这种传统文化，多数时候主宰着我们的情绪表达式。这可能是“愤怒管理”在西方已有较多的研究和实践，在我国却少见相关的专题讨论的原因。

这使得这节“如何面对心中的愤怒”的课成为颇具挑战的课题。参考有关愤怒管理的资料，多数把重点放在如何冷静、平息情绪，或者进行认知调整和改变情绪上，的确，这是两种非常重要的情绪管理技巧，我们会列出专题辅导。对于学生甚至很多成年人来说，要管理愤怒，还需要改变对愤怒情绪的认知（变否认、拒绝为自知、接纳）并学会用合适的方式来表达（社会技巧的培养）。于是，“接纳愤怒、表达愤怒”成为了本节课的主要内容。

本课的亮点：

**1. 以“天气”为线索贯穿始终**

在很多教学设计里面都可以看到“心情晴雨表”这样的说法，用晴天表示快乐，用雨天表示忧伤，这可能是接近学生本能的反应。而愤怒，自然是心中怒火中烧、电闪雷鸣的感受，所以拟题“面对心中的暴风雨”，我想能很容易地让人联想到这是一节关于愤怒管理的课。

最先形成的活动是热身游戏“天气预报”，这个活动的雏形是热身活动“雨点变奏曲”，我只是做了一些小加工。比较有新意的可能是后面把处理生气的方式也用天气来形容。这是基于这样一个比喻：生气的感受就像是心中的暴风雨，翻涌着巨大的能量。但是，这种心中的暴风雨未必会表达出来，有人生闷气，就像阴天，带给人的感觉是很郁闷；有人发脾气，那么就像是雷阵雨，来得快、去得快。让学生借此来考虑这种表达方式的影响也是很贴切的。比如，生闷气的好处是看起来没有什么破坏性，但是实际上自己很不舒服、很郁闷，给别人的感受可能也是如此；发脾气的好处是来得快、去得快，但是发脾气可能会伤害自己的身体，也可能会破坏关系。而这两种表达方式正是我想要着重讨论的。

**2. 分析了“生气”背后的原因**

探讨“生气”背后的原因的目的是为了让学生从认知上更接纳“生气是一种正常的情绪”，同时也是为了让学生注意到解决情绪背后的问题的需要。但是与初中的孩子探讨为什么我们会“生气”的确是一件有挑战的事情，很多时候学生会停留于事件本身，而无法关注事件对自己产生的影响。于是在这个环节，我设计了不同的提问和引导方式，从“为什么这些事情会让我们生气？”“这些事情让我们生气的真正原因是什么？”到“这些事情影响（伤害）了什么？”这些带有明显的提示的问题表述方式，使学生能够比较容易地关注到情绪背后的原因。

**3. 情绪表达的社会技能的培养**

情绪多数产生于人际交往的过程中，如何恰当地表达自己的感受是一种重要的社会技能。用陈述自己感受的方式来表达比指责对方让人更能够接受。“我信息（I-Message）”是一种能较好地表达自己的感受和期望，同时避免对对方的指责的信息表达方式，不仅仅适用于愤怒情绪的表达，同样可以用于“担心”、“难过”等其他负面的情绪。在鼓励学生练习使用这种方式来表达感受的过程中，我发现有不少学生认为这是一种非常书面化的语言，生活中没有人这样说话，于是我会鼓励学生利用这个表达式的“变形”，或者用“写”替代“说”，这样也许更有利于学生在生活中使用这种表达方法。

## 【教学建议】

**1. 关于课时**

本节课的容量比较大，节奏会比较紧张，而且作为侧重于问题解决的愤怒管理课，缺少了对平复情绪处理的讨论。若能以“愤怒管理”作为专题，可以设计 3 个课时的辅导：

第一课时：以“情绪平复”为主题，探讨包括冷静、离开愤怒源头等愤怒管理的技巧；

第二课时：以“情绪表达”为主题，探讨各种愤怒的行为表达带来的不同影响（本课开始到“生气的表达方式”的部分）；

第三课时：以“问题解决”为主题，探讨沟通技巧，即何时何地、如何解决问题、避免冲突扩大？（本课“表达我信息”的部分，并可以探讨“如何应对别人的愤怒”这样的话题。）

**2. 关于调查**

课前调查和访谈能使教师更了解学生情况，并对课堂中可能出现的问题做出合理的预设。建议设计调查问卷（见教学资源）时做好课前调查，并根据调查结果调整教学设计，以使课案更符合学生实际情况。

**3. 关于绘本**

绘本主要的阅读群体是儿童，但优秀的绘本对于青少年甚至成人都有启发意义。为了避免中学生因为内容过于低幼而对绘本产生排斥心理，需要我们对绘本进行适当的加工。本课案中使用的《亚瑟的故事》是根据绘本《生气的亚瑟》改编的（将母亲让亚瑟不要看电视了、早点睡觉改编为母亲让亚瑟不要看电视了、快去写作业，使得情境更符合中学生的情况）。如果要使用教学资源中推荐的《生气汤》、《菲菲生气了》等绘本，必要的加工仍是不可少的。另外，在本课绘本的播放中配上了起风、下雨、打雷等音效，也使得绘本本身更能吸引学生的注意力。

最后要注意的是，在与学生分享调查结果、分析生气背后的原因、表达生气感受等环节时，均可能出现针对教师、父母的愤怒情绪，需要老师作为聆听者，尽量避免评价或者进行价值引导。

# 【教学资源】

## 一. 课前调查问卷

亲爱的同学：

你好！设计这份问卷是为了了解同学们情绪处理的情况，以期给大家更有针对性的建议。问卷不记名，请放心作答。谢谢！

我是 ______（男生 / 女生），如果把我近一周内体验到的每一类情绪（喜、怒、哀、惧、平静）在这一周时间里的比例画出来，我的情绪饼图会是这样的：

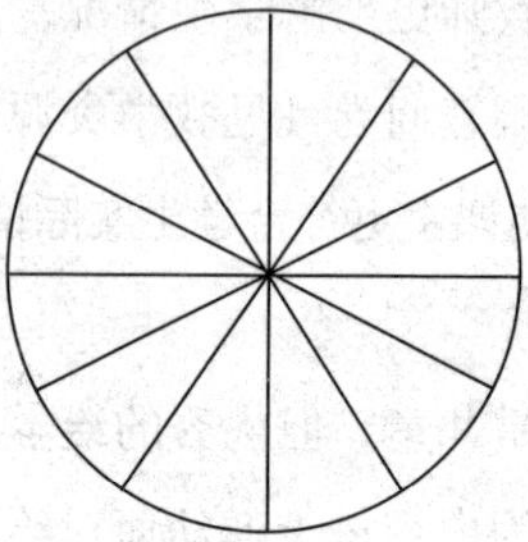

（2）我认为最难处理的情绪是：______

A. 生气、愤怒　B. 难过、悲伤　C. 紧张、焦虑　D. 害怕、恐惧

（3）最近让我生气的一件事是______；

这件事让我生气的程度是——（请在下面的坐标轴上标注出来）

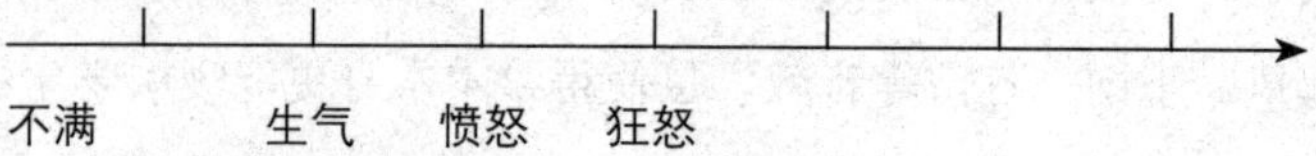


（4）当我生气的时候，我做出的反应通常是（多选）______；

A. 压抑、忍耐、生闷气

B. 摔东西、大喊大叫

C. 打骂惹我生气的人

D. 打游戏、运动或者吃东西

E. 找人倾诉

F. 和惹我生气的人沟通

其他______________________

(5) 在那么做之后，我会觉得_________________________；

A. 更加愤怒

B. 变得平静

C. 觉得压抑

D. 感到愉悦

(6) 我处理愤怒的方式对彼此（你和惹你生气的人）关系产生的影响是______________________；

A. 让彼此更亲密了

B. 没有影响

C. 让彼此疏远

D. 关系破裂

(7) 这种处理愤怒的方式对解决问题产生的影响是____________；

A. 解决了问题

B. 问题仍然存在

C. 带来了更多麻烦

(8) 如果能够重新回到那个让我生气的情境，我可能会__________。

A. 换种处理方式（我会这样做______________________）

B. 还是那样做

C. 不知道该怎么办

## 二. 课堂任务单

我想对__________说：
当______________的时候，
我真的_______生气，
因为___________________，
我希望
_______________________。

## 三 . 绘本：《生气的亚瑟》

作者：（英）希亚文 · 奥拉姆文 /

（日）北村悟图

译者：柯倩华

出版社：河北教育出版社

出版年：2009 年 6 月

内容简介：

《生气的亚瑟》以令人叹为观止的罕见手法，为小朋友描绘出难以捉摸和言喻的情绪——“生气”，并说明了这种普遍的情绪经验对小朋友的影响。虽然情绪类主题的童书很多，但很少能让小孩儿足足发了贯穿全书的脾气，好像全世界的焦点全集中在小朋友和他的生气上。这种切入的角度突显了这件事情的重要性，也显示出创作者非常理解和同情小朋友在生气时的观点和感受。

所以，《生气的亚瑟》并不以成人式的反应为主轴来表现应如何约束和改变小朋友的生气行为：“小孩儿怎么可以生那么大的气？”“小孩儿有什么气好生？”“不生气才是乖小孩儿！”而是带着大小读者一起用“显微镜”把“生气”这件事看个仔细，弄清楚它到底是怎么回事。这种坦诚面对、探索情绪的态度是一种健康的呈现方式。从情绪发展的观点而言，小朋友需要先认识情绪，才能学习调节情绪。《生气的亚瑟》或许能帮助小朋友不被自己的“气”吹倒、淹没或变得四分五裂。

## 四 . 替代活动

**1．他生气了（替代“天气预报”）。**

查找表现动物或者人的愤怒情绪的图片、视频资料（如果能够自己拍摄更好），制作 PPT 并播放。

提问：从这些图片（或视频）里你看到了什么情绪？

引导：愤怒（anger）是人最早出现的情绪。

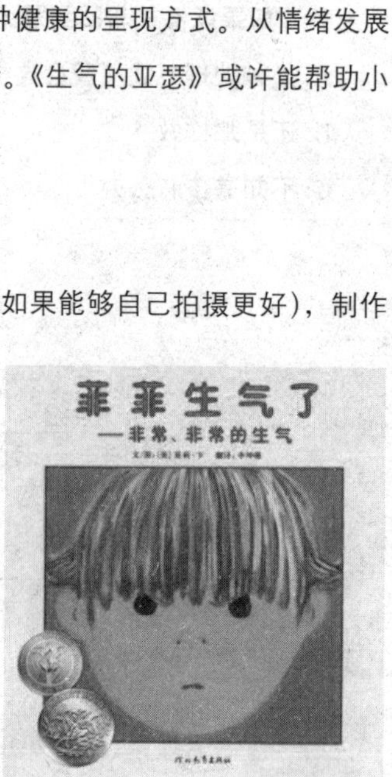


**2．菲菲生气了（替代《生气的亚瑟》）**

作者：（美）莫莉 · 卞 文 / 图

译者：李坤珊

出版社：河北教育出版社

出版年：2009 年 3 月

内容简介：

“小时候，每当我气极了的时候，就会觉得自己像是世界的中心点，是座一触即发的火山。那种想要爆发、即将爆发、又怕爆发的状态，是一种很可怕的感觉！”作者莫莉·卞在回忆自己的童年经验时这么说。基于这样的回忆，她创作出《菲菲生气了——非常、非常的生气》，直指每个孩子在成长过程中最难学习的一课：如何控制及处理情绪。

《菲菲生气了——非常、非常的生气》这个故事的重心与特色，是将情绪状态以直观的画面的形式呈现，作为主角的孩子是整个情绪处理的主控者。这种方法不同于常见的以文字描写来表达情绪的作品，或是以大人所积累的经验与智慧为基础、在叙述中进行教诲的童书。作者以言简意赅的文字和极具表现力的图画，抓住抽象的情绪，直观形象地把它呈现了出来。故事中的菲菲先是以肢体动作表达愤怒，进而躲进自己的世界渲泄悲伤，渐渐缓和，最终恢复平静。作者对这个过程形象细腻的描画，加上对孩子心理感受贴切的了解，使得小读者自然而然地认同了菲菲，毫不设防地进入情节与氛围中，同时获得了阅读的乐趣以及对情绪过程的了解。

# 第六章

# 站着等待 VS 行动起来

## ——具体情绪的接纳和调整之“惧”

## 【教学背景】

**1. 学校里的特殊场景**

(1)“要么让我待在家里，要么让我转学！”

小蒋已经一周不来上学了。这是他开学 2 个月来第三次请假不来上学，而且一次比一次请假的时间长。

老师第一次去家访，小蒋说，自己比较内向，可能还不是很适应学校。老师安慰了他，并提了一些建议。小蒋第二天就上学了。

第二次的时候，小蒋说自己身体不是很舒服，总是胃疼。于是，他又在家休息了 3 天。

这一次，老师去家访。妈妈很为难地告诉老师，小蒋说，要么让他待在家里，要么让他转学。其实上一次他说胃疼，就去医院检查过了，并没有什么问题，但是真的带他到学校门口的时候，他疼得直冒汗。所以，这次没法再让他回学校了。

（2）考试之前的奇怪气氛

每逢考试，班级里的气氛特别奇怪。学生们特别活跃，上课的时候有点什么小插曲，学生就放声大笑；下课的时候学生之间有点小摩擦，很容易就引发争吵。

老师们非常奇怪，这些学生怎么了？平常没这么激烈的反应呀！

（3）这是怎么回事？

这两个案例中，学生普遍存在着恐惧、焦虑的情绪。前一个案例中，小蒋可能因为学校中的人际交往、学业适应等问题，而担心自己在校园中的生活，因而采取了回避的方式——躲在家里。在第二个案例中，在考试之前，由于学生处于紧张压抑的状态中，遇到一些有趣或者摩擦，就为情绪寻找到了宣泄口，在情绪的表达上比往常会更为强烈一些。

**2. 学生在害怕什么**

如果说前面两个案例都有些特殊的话，那么其实在日常生活中学生也有一些比较普遍的担心。与班级考前气氛相类似的，还有频频出现在学生中的临场焦虑及考后焦虑紧张，还有各种大大小小的比赛前的紧张与害怕；与小蒋一样，在学校里学生还担心着被老师批评、被同学孤立、被朋友隔离等。

在我们对学生的访谈中，学生谈到了这样一些害怕的事件：

- 害怕好朋友不理睬自己了。
- 害怕不会做题，被老师嘲笑。
- 害怕在同学面前出丑。
- 害怕真的有世界末日。
- 害怕爸爸妈妈吵架闹离婚。
- 害怕自己的秘密被朋友泄露出去。
- 害怕被同学欺负。
- 害怕交通安全事故。

……

**3. 学生如何应对恐惧情绪**

我们曾经对学生进行访谈，有位同学说：当老师课堂提问并且准备点名的时候，他往往感觉到心跳加快，害怕老师叫到他而自己不会，会很丢人。于是，他会一边偷偷地翻书或者低声问同桌，一边在心里暗暗祈祷“别叫到我，别叫到我”……直到最后老师点名提问结束。

从这里我们可以看到，学生使用了两种方式：一种是面对问题，积极准备；一种是祈祷，寻求精神安慰，等待结果。经过观察，学生经常使用的应对恐惧的方式包括：寻找其他的精神寄托物、通过吃东西缓解情绪、通过听音乐或者体育活动转移注意力等。

除此之外，有一种状况是非常值得关注的，即压抑这种担心，表面上装得若无其事，实际上却非常敏感，要么不表现出来，一旦表现出来，就会以躯体症状，如胃痛、腹痛、头痛等躯体疾病形式发作。

**4. 心理学的有关研究**

(1) 什么是恐惧?

恐惧是对来自想象和现实中的威胁的正常反应，也是个体适应能力的主要表现之一，以及个体发展中所需要的组成部分。相比较人类的其他基本情绪，恐惧具有强烈的警示作用和存在价值。

Ollendick 和 King 认为，恐惧是儿童发展过程中的普遍现象，几乎所有的儿童和成人在发展过程中都经历过不同的恐惧体验。格拉齐亚诺（Graziano）研究表明，随着年龄的增长，儿童对动物、黑暗和想像物的恐惧感下降，但对学校和社会的恐惧感则增加。

(2) 青少年恐惧的内容

Ollendick 的研究表明青少年恐惧的内容主要包括对身体的伤害、死亡和对学校的恐惧；Gullone 和 King 的研究表明，让青少年恐惧的前十位事件主要与死亡和危险相关的事件有关。夏勇的研究表明：青少年常见的恐惧是与学习和学校、社会关系（包括师生关系、亲子关系和同伴关系）、危险和伤害以及未知和神秘的事物或者事件。

（3）恐惧的应对。

恐惧具有两面性，一方面有警示作用，能提高个体的适应性；另一方面如果个体长久地陷入恐惧情绪而不能自拔，行为上就会出现退避、消沉等情形。因此，需要有效地调节和应对。

丹麦哲学家斯隆·契克格达认为：在我们面临发展自己的可能性时，都会产生一种向往的心态，如果没有这种紧张不安、跃跃欲试的冲动，任何成功和进取都是不可能的。回避焦虑不可能使问题得以解决、担忧得以消除，我们依然要置于焦虑刺激的状态下，去作胜败未卜的追求或探索，只要坚持去做，到一定时候，就不会产生焦虑了。因此，消除焦虑的最好方法是正视它，并且全身心投入。

这种观点也同样适用于恐惧情绪的应对策略。

**5. 本课的辅导角度**

焦虑是一种特殊的恐惧，常见于考试前后。而《学习心理辅导》中对考试焦虑情绪有着较为详细的辅导。因此，本课并不将焦虑作为辅导的重点，而是着眼于一般的恐惧情绪。本课将帮助学生：

- *在对恐惧情绪的认知上，引导学生正视恐惧，而不是逃避。*
- *在对恐惧对象的处理上，正确评估未来的可能性，并采取行动，面对问题。*

对于学生来说，“恐惧”是一个严肃的情绪词汇，在生活中，他们更多使用的是“担心”、“紧张”等词汇来描述这种感受。因此，在本教案的设计中，将以“担心”来替代“恐惧”。

# 【教学设计】

## 教学目标

（1）明白担心是正常的情绪反应，觉察并接纳担心的存在。

（2）知道过于担心对行动力的影响以及避免担心的方法。

（3）在觉察担心情绪的基础上，练习使用万能公式。

## 教学对象

初一年级学生

## 教学准备

1. 扫描绘本《鳄鱼怕怕 牙医怕怕》

2. 印制《自我察觉表》

3. 准备卡片和油性笔

## 教学过程

### （一）绘本：《鳄鱼怕怕 牙医怕怕》

**1．阅读绘本并讨论：**

你们有没有过和鳄鱼或者牙医一样的感觉呢？这是一种什么感觉？在什么时候你会有这种感觉？（板书：害怕）

**2．引入：**

每个人都会有害怕的东西或者事情。当这些事物靠近的时候，我们会担心、会感到恐慌，就像乌云密布，黑沉沉地压在我们心头，不能看到未来是什么样子。这种感觉，真不好受。

## （二）我们担心的那些事

**1．火车开开开：我担心过的那些事。**

从小到大，我们都曾经害怕过一些什么。现在，让我们说说看。（拿出一个彩球，进行传递）拿到彩球的同学，就说出：我曾经担心过……

**2．教师同感：**

所有的人从小到大都经历过担心、害怕这些情绪。非常有意思的是：这种担心和害怕从小时候的具体事物，慢慢地会发展成为对自我表现、对社会现象的担心。

**3．过渡引发思考：**

仔细回忆一下，近几个月来，你担心过什么吗？当时是怎么做的呢？结果怎么样？

**4．请学生填写“自我觉察表”**，记录曾经最为担心的三件事，并作出分析。

| 时间 | 担心的事情 | 担心产生的结果 | 我的做法 | 后来的结果 |
| --- | --- | --- | --- | --- |
| | | | | |
| | | | | |
| | | | | |

**5．小组交流。**

交流彼此的自我觉察表格。讨论：

➢ 你担心的事情发生了吗？是在什么样的情况下发生的，或者为什么没有发生？

➢ 对于应对“担心”这种情绪，你的经验和想法是什么？

**6．班级交流（小组代表汇报）：**

小组 A：我们担心的事比较集中，大多数同学都担心自己的学习不够好，让父母、老师失望；一些同学担心和朋友的关系不好了；还有一些同学担心自己的个子不够高……（教师竖列板书：学习、和好朋友的关系、身高）这些事情的结果各不相同，担心学习不够好的事情多半发生了；和朋友的关系不够好的事有时候发生了，有时候没发生。（教师用“○”表示发生了，“x”表示没有发生，“?”表示不知道会不会发生）

小组 B：我们担心的事除了和 A 组的同学类似的以外，还有同学写了小时候怕黑、怕生病打针这些事（教师竖列板书：黑暗、打针），这些事情的结果是：什么也没有发生。（同上，用对应符号表示发生或者没有发生）

小组 C：……

师：看到这些同学们担心的事情以及后来发生的情况，你们有什么发现？

生 1：没有发生的事情比发生的事情多！

生 2：小时候担心的事情其实基本都没有发生，现在担心的事情倒是发生的可能性比较大。

生 3：真的是这样吗？担心的事情其实都没有发生？可是那个时候真的非常非常担心呀！

生 4：没有发生的原因，是不是因为我们作了一些准备呢？比如有些同学为了避免考试考得差，加强复习了。

**7．引导：**

心怀畏惧，可以让我们学会保护自己；但是有时候太多的担心，尤其是沉迷在这些担心里，会让我们变得畏缩。你知道吗？其实有许多担心是不会发生的。

**8．呈现“烦恼箱”的故事。**

有一位心理学家做了一个很有意思的实验。他要求一群实验者在星期日晚上把未来 7 天会烦恼的事情都写下来，然后投入一个大型的“烦恼箱”。第三周的星期日，他在实验者面前打开这个箱子，与成员逐一核对每项“烦恼”，结果发现其中 90% 的担忧并没有真正发生。接着，他又要求大家把真正发生的那 10% 的“烦恼”重新丢入纸箱中，等过三周，再来寻找解决之道。结果到了那一天，他开箱后，发现剩下的那 10% 的烦恼已经不再是实验者的烦恼了，因为他们都有能力应对了。

**9．提问：**

通过回顾过去担心的事情和“烦恼箱”的故事，你有什么发现吗？

**10．介绍：**

据统计，一般人的忧虑有40%属于过去，有50%属于未来，只有10%属于现在，而92%的忧虑从未发生过，剩下的8%则是能够轻易应付的。当我们对未来没有把握的时候，担心是一种正常的情绪。

### （三）面对担心，我们的做法是……

**1．班级交流。**

师：请将我们小组内同学面对这些担心的事情的做法进行整理，找出具有代表性的做法以及这么做之后的结果，写在卡片上进行分享。

（每个小组提供4张卡片，请大家将做法写在上面，并用符号表示结果。）

小组A：当时的做法有：寻求别人的帮助（×）；自己一个人祈祷（○）。

小组B：当时我们的做法有：拼命看书（×）；闭上眼睛，强迫自己不要去想（○）；

小组C：当时我们的做法有：买个吉祥物（×）；

小组D：我们这个组有个非常有意思的做法：什么也不做，等着（×）。

师：看到大家分享的做法，你们有什么发现？

生1：每个人面对担心的事情的做法各不相同。

生2：看到很多同学用买吉祥物或者祈祷的方法，可是效果大相径庭。这种做法到底有没有用啊？

生3：做什么和事情的结果之间，我没有看出什么必然的关系。到底怎么做才好呢？

师：哦？没有什么必然的关系，是什么意思呢？

生3：你看，什么也不做，也可能担心的事情不会发生。做了什么事情，担心的事情也可能不会发生。那么就是说：要让担心的事情不发生，可以做也可以不做。

师：非常有意思的观察和推理。同学们有什么想法吗？或者大家再观察一下，做什么和事情的结果之间真的没有什么必然的关系吗？

生 4：我发现，做一些事情还是会避免担心的事情发生的，比如说担心考不好，就拼命看书；担心和同学关系不好，就找人帮忙。这些事情都能有助于解决担心的事情。

生 5：我也看到“什么也不做，等着”这种做法，担心的事情没有发生；祈祷的做法其实跟那个很像，担心的事情却发生了。这类做法无法影响所担心的事情的结果。

师：观察得非常仔细。其实这两位同学的发言是把大家的做法进行了分类：一类做法是直接面对担心的事情，一类做法是回避担心的事情，因此，结果也有所不同。有些同学谈到了吉祥物的事情，正好有一则研究材料，我们大家一起看一下。

**2．讲解：幸运物的作用。**

在德国科学家进行的一场实验中，数十人被叫来进行一场高尔夫比赛，其中一半人被告知使用的是在多场比赛中给选手带来好运的幸运球，而另一半人则被告知使用的只是普通球。比赛结束后，科学家发现使用幸运球的选手的击球入洞率要比使用普通球的选手高出近 40%。

美国康涅狄格学院的心理学家维斯表示：“这些带有迷信色彩的举动确实能让人们把球打得更出色，哪怕只简单地告诉他们“这是幸运球”就足以影响他们的发挥。”

原因当然并非护身符本身会释放出魔力，而是护身符能给人一种积极的心理暗示，让人们在做事的时候能够取得更好的效果。美国得克萨斯州立大学的生物统计学家塔尔告诉记者：“穿上一件红衬衫、说一段特殊的咒语或祈祷词，或者带上钟爱的护身符就能给人带来好运的想法确实很吸引人，这主要是因为这些举动能给人一种错觉，认为这样我们就能在某种程度上掌控生命中有可能发生的事件。”不过科学家也警告称，虽然护身符能给人以积极的心理暗示，但人们需知，人生还是充满着各种偶然和不确定性的，一味地依赖幸运物给自己带来好运，而自己却又不做出实质性的努力，那么到头来还是一场空。

**3. 提问：**

幸运物的故事以及同学们各种应对担心的做法对你有什么启示吗？

**4. 讲述：美国海军士兵的故事。**

当一群美国海军士兵被派到一艘油轮上去的时候，他们吓坏了，因为这艘油轮运的是高纯度的汽油。他们认为，如果被鱼雷击中，肯定必死无疑。于是，海军总部立即发布了一组令人信服的统计数字：在被鱼雷击中的 100 艘油轮里，有 60% 没有沉到海里；而沉下海的 40 艘里，也只有 5 艘是在不到 5 分钟的时间里沉没的。知道了这些数字以后，船上的人感觉好多了。接下来，他们开始练习如何迅速地处理险情、如何乘上快艇……

**5. 提问：**

这些对你有什么启发？你联想到了什么？

**6. 引导：**

担心往往会有两种结果，一种是沉浸在这种情绪中无法自拔而无限期地拖延。这种拖延的结果就是最后只能等待我们害怕的结果发生或者不发生。一种就是摆脱那种迷茫和犹豫，作积极的准备，阻止让我们害怕的结果发生。

## （四）放下担心，行动起来

**1. 过渡：**

既然担心可以保护我们，使我们免于伤害。如果我们可以摆脱担心带来的迷茫和犹豫，使之成为一种推动我们更快行动的力量，无疑是非常有价值的事。那么，我们可以做些什么样的自我对话以帮助自己摆脱这种情绪呢？

**2. 邀请学生讲述他们成功应对的故事。**

**3. 讲述威利 · 卡瑞尔和他的万能公式的故事**

年轻的时候，他在纽约州的水牛钢铁公司做事时，有一次需要到密苏里州的匹茨堡玻璃公司去安装一架瓦斯清洁机，目的是要清除瓦斯里的杂质，使瓦斯燃烧时不致于伤到引擎。这种清洁瓦斯的方法是新的，过去也曾试验过，可是在密苏里州安装的时候，遇到了许多事先没有料到的困难。经过一番努力，机器勉强可以使用了，然而远远没有达到他们的预期。

他对自己的失败感到十分懊恼，好像有人在他头上重重地打了一拳。他的胃和整个肚子都扭痛起来，烦恼得简直无法入睡。

后来，他意识到烦恼不能解决问题。于是，他想出了一个消除烦恼、解决问题的方法，结果效果显著。这个消除烦恼的方法，任何人都可以使用，非常简单，可以分三个步骤：

第一步，不要惊慌失措，冷静地分析整个事情，万一失败的话，可能发生的最坏情况是什么——没有人会把我关起来或者把我枪毙，这一点我有把握；充其量不过是丢掉差事，也可能老板会把整个机器拆掉，使投下的20000元钱泡汤。

第二步，找出可能发生的最坏情况后，就让自己接受它。他对自己说："我也许会因此丢掉工作，那我可以另找一份差事；至于我的老板，他们也知道这是一种新方法的试验，可以把20000元钱算在研究经费上。"

第三步，有了能够接受最坏的情况的思想准备后，平静地把时间和精力用来试着改善那种最坏的情况。

他做了几次试验，终于发现，如果再多花5000元钱，加装一些设备，问题就可以解决了。他们这样做了，结果公司不但没有损失20000元钱，反而赚了15000元钱。

如果他当时一直烦恼下去，恐怕就不可能做到这一点了。唯有强迫自己面对最坏的情况，在精神上先接受它，才会使我们处在一个可以集中精力解决问题的地位上。

**4. 呈现威利·卡瑞尔万能公式**

第一，问自己，可能发生的最坏的情况是什么。

第二，如果不得不如此，那就作好准备迎接它。

第三，镇定地想方设法改善最坏的情况。

**5. 练习："担心不怕"宣言**

（1）请学生填写威利·卡瑞尔的万能公式

（背景音乐：《不怕不怕》）

- 现在，我最担心的事情是__________。

- 如果这件事情发生，会出现的糟糕后果是__________。
- 一旦后果发生，我将接受它。
- 为了让这个结果不至于太糟糕，我能做的事是__________。

(2) 学生分享

生 1：现在，我最担心的事情是考试如果考得不好，我妈妈答应带我去旅游就不能实现了；如果这件事情发生，会出现的糟糕后果是假期我只能乖乖待在家里；一旦这种情况发生，我将接受它；为了让这个结果不至于太糟糕，我能做的事是好好读书、准备考试。

生 2：现在，我最担心的事情是我告诉好朋友的小秘密被泄露；如果这件事情发生，会出现的糟糕后果是我的事被同学传来传去；一旦这种情况发生，我将接受它；为了让这个结果不至于太糟糕，我能做的事是跟好朋友强调一下或者改变我的做法，让那个秘密没人相信。

生 3：现在，我最担心的事情是被有些人嘲笑和欺负；如果这件事情发生，会出现的糟糕后果是我很没有面子，心情也很差；一旦这种情况发生，我将接受它；为了让这个结果不至于太糟糕，我能做的事情是尽量不被同学抓住把柄，找人帮帮我。

**6. 教师寄语：**

与其站着等待，不如行动起来！（完成板书）

## 【教学反思】

对于恐惧这种情绪，中国文化里大多是持否定态度的，认为害怕是胆小和怯懦的表现，当孩童表现出恐惧时，成人的要求往往以压抑为主。因此，在已有的心理辅导活动设计中，除了将焦虑（恐惧的特殊表现形式）列入考前辅导的重要内容外，鲜见有对恐惧进行辅导的。

这节课的设计针对目前中学生面对恐惧情绪的实际情况，帮助学生建立有效的应对方式。由于前面已经讲过情绪取向的应对方式，因此，本节课主要采取问题解决取向的应对方式，着眼于如何接纳担心、摆脱情绪困扰、面对问题。

在本节课的设计中，亮点有二：一是延续使用天气来代表情绪。在上一节课中，大家用“暴风雨”来代表愤怒。在这一节课中，学生和教师都非常自然地选用了“多云”来代表担心。乌云沉沉的感觉，和学生心理负担重、担心和恐惧的事物比较多、对未来和希望没有把握等的状态非常相似。二是威利·卡瑞尔的万能公式的推荐和练习运用。这是一个能够帮助学生接纳恐惧对象、摆脱恐惧情绪、投入到行动中去的很有效的自我对话方式。

当然，要注意的问题是：对于有些无法解决的担心，比如担心世界末日的到来，更多的还是采用情绪取向的调节方式；此外，这节课很少有对行为技能（问题解决能力）的辅导。因此，如果是在高中阶段实施辅导，可针对某一个具体担心的问题增加问题解决能力的辅导。

## 【教学建议】

1．如果是面对高中学生，可用《国王的演讲》代替《鳄鱼怕怕　牙医怕怕》。在使用过程中，可以截取《国王的演讲》的片段，分成如下几部分进行讨论：

- 国王在担心什么？你能理解他会有这样的恐惧吗？
- 是什么让国王最终决定进行演讲？
- 国王为了实现完美的演讲，做了哪些工作？
- 在国王的演讲背后，你觉得还有哪些非常重要的人或者事？给你什么启发？

2．自我对话的阶段与实例

- 阶段一：准备

  我可以制订一个计划对付它。

  只要想着我可以做什么就行了。那比一直焦虑好。

  不做消极的自我陈述，理智一点儿。

- 阶段二：面对

一步一步，我可以控制局面。

这种焦虑是我可以有的，它提醒我去进行应对练习。

放松；已经在我控制中了。慢而深的呼吸。

- 阶段三：应对

当恐惧来临，就停止。

保持对当前的关注；我必须去做什么？

别想着完全消除恐惧，让它们可控就行了。

这还不算最糟的事。

想点别的吧。

- 阶段四：自我强化

见效了，我做到了。

没我想象得那么糟。

我对于自己的进步感到很高兴。

# 【教学资源】

## 一．影片《怕怕不怕》

怕怕是一只生性腼腆的小鳄鱼，她和妈妈居住在一个安静怡人的海滨小镇。这里大部分的居民都是猫族，怕怕一家在此显得如此扎眼与格格不入，这也让她倍感孤独，并且十分害怕走进小朋友们中间。她很想在放学后到路边小店买上一份冰激凌，但是那群小猫喧闹欢笑的样子却让她望而却步，生怕被她们排挤欺负，因此冰激凌对她来说似乎始终难以企及。某天，一只黄色的小霸王龙闯入怕怕的生活，他帮她买到好吃的冰激凌，他们还经常在一起玩耍，怕怕由此变得开朗、大胆许多……该片荣获 2010 年第十届北京电影学院动画学院奖最佳短片奖、第七届杭州国际动漫节美猴奖学生动画短片奖、第十七届上海电视节亚洲动画创投会最具创意奖。

这段影片比较适合初中生观看，影片中有一段小鳄鱼鼓起勇气去买冰激凌的情节，紧张的感觉被表现得很细致。该片片长 12 分钟，可从中截取小鳄鱼怕怕前后两次前往冰激凌店购买冰激凌的片断引入活动，以唤醒学生曾经有过的类似感受。

## 二.影片《国王的演讲》

故事梗概：约克郡公爵艾伯特因患口吃无法在公众面前发表演讲，这令他接连在大型仪式上丢丑。贤惠的妻子伊丽莎白为了帮助丈夫到处寻访名医，但是传统的方法总不奏效。一次偶然的机会，她慕名来到了语言治疗师莱纳尔·罗格的宅邸，传说他的治疗方式与众不同。虽然公爵对罗格稀奇古怪的招法并不感兴趣，首次诊疗也不欢而散，但是，公爵发现在聆听音乐时自己朗读莎翁作品竟然十分流利。这让他开始信任罗格，配合治疗，慢慢克服心理障碍。

乔治五世驾崩，爱德华八世继承王位，却为了迎娶寡妇辛普森夫人不惜退位。艾伯特临危受命，成为了乔治六世，他面临的最大挑战就是如何在二战前发表鼓舞人心的演讲……

这部电影讲述了国王如何克服自己对在公众面前演讲的恐惧，最终发表了振奋人心的演讲的故事。在这段影片中，国王的胆怯、破釜沉舟的勇气、科学的训练、亲人和医生的支持与帮助都表现得淋漓尽致。

在利用这段电影时，可以将影片进行剪辑。对每段剪辑的内容进行讨论，引导学生对那种担心与害怕的感觉产生同感，共同经历在责任面前不消极等待而是积极行动的改变，并感受那种自我超越的兴奋与激动。

这段影片适合于高中学生的辅导课时使用。

## 三.阅读材料

**到底是什么引发了我们的焦虑?**

焦虑的征兆通常看起来是毫无道理而且莫名其妙的，所以很多人只能选择让它顺其自然，但这样对吗?

在详细地说明各种引发焦虑的原因之前，你必须记住两点。首先，虽然了解焦虑的原因可以让你明白焦虑的问题是如何发展的，但却无助于克服你所面临的难题。本书中所提及的各种处理焦虑的策略，如身心放轻松、想得实际些、不要对周遭事物太过敏感、多做点运动、注意营养及注意自己伤害自己的行为，都不是因为了解以下的原因就会有效。也就是说，虽然你知道很多引起焦虑的原因，却不见得对治好焦虑有所帮助。

其次，千万避免这种想法：认为不论是每天都会发生的焦虑症状或是焦虑症来袭，“一定有一个主要的原因”，或者一定要有某种类型的原因。

不管你是不是正在应付程度普通的焦虑感、恐慌症或强迫症，都要明白“不是去除了某个原因就可以减轻这个问题”。焦虑的形成综合了各个阶段的许多原因。这些阶段包括先天的遗传、生活上的规律性、家庭背景、后天的教养、后天的训练、近来生活上的改变、你自己与自己对话的情况以及个人信仰、表达自我感情的能力、当下环境是否紧张刺激，等等。

某些焦虑症领域的专家会创造出单一原因理论，这种理论大大地简化了焦虑症发生的原因，而且必然容易作出两个简化的原因推论：即“生物上的错误”（biological fallacy）和“心理上的错误”（psychological fallacy）。所谓“生物上的错误”是假设某种特殊型态的焦虑症单单只由脑和身体中某些生物或心理不平衡引起。有种说法就倾向于减少焦虑症及强迫症之间的因果关系，认为焦虑只和生理性的原因有关，代表了某种脑中的不平衡。这种说法有助于我们了解焦虑，特别是焦虑症可能与脑功能障碍（brain dysfunctions）有关。

这种推论当然对治疗焦虑问题会有些帮助，但并不表示焦虑或焦虑症只有心理困扰一个原因。问题还有：是什么原因造成心理困扰？它可能是慢性压力导致心理冲突或受到压抑的怒气造成脑中特别的不平衡所引发的困难，比如造成前面所提的“恐慌发作”或“广泛性焦虑症”。不过，造成心理上的冲突及受到压抑的怒气，大部分与一个人的教养程度也有关系，因为特殊的脑部混乱的起源可能由于压力或其它心智因素，所以假设焦虑或焦虑症只是（或主要是）因为“心理不平衡”而引起，根本是个错误。

至于假设焦虑全部来自心理上的错误也不尽然正确，它假设如“社交恐惧症”或“广泛性焦虑症”是由于成长期时父母疏于照顾、抛弃或虐待所致，导致患者有了根深蒂固的不安全感或羞耻感，并造成他们在成人时有对当下的畏惧和焦虑。

当然，家庭背景是每个人所发生的问题背后很重要的原因之一，这是事实。但是假设这是唯一的原因是否合理呢？再一次，我们要说，这不尽然正确，还遗漏了遗传及生物因子的影响。

总而言之，不是所有的儿童都在不正常的家庭长大，并因而得了焦虑症。在父母良好照顾下的小孩也可能遇上焦虑问题。许多焦虑问题，特别是焦虑症这种较为严重的问题，是遗传因素导向焦虑及早期童年情况发展出羞耻感及不安全感所造成。焦虑问题也很可能与你现在的生活方式中各种不同的因素及近来你所受到的压力有关。

简而言之，你所面对的特殊困难只不过是脑不平衡或心理混乱这种推论，完全忽略了自然及环境因素对事实的影响。脑不平衡当然也可能源于遗传，但也有压力及心理因素。至于心理问题，依照顺序来说，也可能为天生的生物素质所影响，但是我们没办法简单地说哪个原因先来、哪个原因后到。

同样的，克服焦虑、痛苦、担心或惧怕的各种方法，不应该特别将生理或心理的因素排除在外。处理不同阶段焦虑的各种不同的策略，包括生物上的、行为上的、情感上的、心理上的、人与人之间的，甚至心灵上的因素，都是有必要考虑的。

**克服不安想法的重点步骤**

挑一个你觉得相当放松和安静的时间，最好不要是紧张焦虑或担心的时候。在克服可怕的想法之前，先找到一种放松的方法而且要专心：

- 放松一会儿之后，问自己：我说了些什么让自己感觉焦虑？想想这些你告诉自己的“如果……怎么办”的想法，然后写在工作单的标题上：“我告诉了自己什么？”
- 渐进式地弄清楚哪些是扭曲的想法而且要渐渐克服它们，把它们从“如果……怎么办”的叙述句改成规则的、确定的句子。一旦改变了“如果……怎么办”的想法：如果这架飞机坠毁了怎么办？改成肯定的口气：这架飞机快要坠毁了，你就比较容易看到扭曲想法的关键之处。把改变后的想法写在工作单的第二个标题“认清思想的扭曲形态”之下。
- 问自己一些问题来克服扭曲的想法，如：这件事真正会发生的几率是多少？我是不是完全无法控制这种情况？
- 用提问来想出与情况或忧虑有关的较实际的想法。将这些实际的想法写在标题“替换较实际的想法”之下。
- 最后，想想看万一最害怕的事发生了，你有什么方法可以应付？问自己：如果最糟的事发生，我能做什么来应付？在大多数案例中，以下这件事可以帮你看清你是否低估了自己的应对能力——将你想出的处理的方法写在标题上：万一最糟的事真的发生，你能做什么来应付这事？

几周后，重读多遍你写下的实际想法以及应付最糟糕情况的的方法。这些将深植你的脑海中。你可能想在索引卡上重写一次，随身携带，随时拿出来看。

可以再用另外一张空白的清单表重复这个练习的所有步骤，再记下你所害怕及忧心的事。

第七章

# 走出抑郁的日子

## ——具体情绪的接纳与调整之“哀”

### 【教学背景】

“郁闷！”这是目前中学生中常见的口头禅。

中学生抑郁症状及抑郁症发生率呈上升趋势，已经是研究者和经验观察者都认同的现状。杜亚松、周琳琳（2007 年）曾对上海市初中和高中学生的抑郁症状的现状进行了研究，研究表明，中学生有肯定抑郁症状的检出率为 18.6%，其中男生为 22.66%，女生为 14.7%；初一年级学生抑郁症状的检出率为 15.89%，初二为 15.48%、初三为 17.26%、高一为 14.33%、高二为 24.7%、高三为 25.67%。高二和高三抑郁症状发生率显著高于初中和高一学生。由此可见，中学生的抑郁症状是常见的。在我区的中学心理咨询室统计中发现，前来咨询情绪问题的个案数量越来越多，几乎所有的高中每个学期都有 1、2 例抑郁症患者的辅助咨询，初中也出现了抑郁症的学生。这还是主动与学校沟通并报备的案例，已经患有抑郁症但没有与校方沟通的肯定也不在少数。

在同学前来咨询的数量越来越多的同时，学生还是对咨询存在一定的顾虑：“老师，能不能不要告诉别人啊？”这还是这些学生以及家长来咨询室咨询的要求。从中可以发现，随着对抑郁症的关注程度和宣传力度大大提高，中学生对抑郁情绪和抑郁症的了解程度也有所提高，这使他们愿意寻求帮助，并接受帮助。但中学生对抑郁问题的理解和接受程度却是有限的。在与学生交流的过程中，我们会发现：

他们对于抑郁症和抑郁倾向之间的界限不是很清楚，对抑郁倾向的察觉能力略有欠缺；一旦察觉，一般都已经成为中、重度的抑郁症；

他们会认为服药虽然会治疗抑郁症，但是认为副作用很大，对是否不要服药存在侥幸心理；

同时，在应对抑郁情绪时，很多学生会选择和朋友交流的方式面对问题，但是还是有相当一部分学生，由于个性问题以及遇到困难的私密性程度问题而选择自己独自思考、独自承担。这其实在一定程度上加重了抑郁的状态。

对学校心理辅导工作来说，对抑郁症的早期预防比治疗更为重要。而要预防抑郁症，就需要了解：是什么影响了青少年的抑郁？哪些方式能有效地预防抑郁情绪？下面，我们首先看一些研究：

**1．青少年的抑郁影响因素**

现有的研究表明：影响抑郁的因素有：人格、归因方式、自我、应对方式等，可以成为抑郁素质或者认知素质，另外还有生物素质，包括家庭遗传以及一些与抑郁有关的生理学指标。

(1) 归因方式，大量的研究认为：归因方式可以部分地预测抑郁的发生。

(2) 自我，安德鲁斯和布朗研究认为青少年的自尊可以有效地预测抑郁的发展，低自信的个体抑郁水平较高；纳蒂新近的研究显示青少年的自我认知与抑郁有相关，自责和受别人责备后的自我认知方式与抑郁之间有显著相关，同时发现，青少年抑郁和认知、自责、反思等有高度的相关关系。

(3) 人格，爱波斯坦的研究显示，一定的人格特质，包括对自身的赞许、对环境的积极的态度、正确的自我观念和内部控制等，在应激事件中起积极作用。杨德华的研究表明人格的独立性、社交性对抑郁有重要的预测作用。

(4) 应对因素，研究表明：学生抑郁情绪的发生可能与学生受各种生活事件的影响，以及对这些精神刺激的应对方式有密切的关系；抑郁是个体自身特征与环境等多方面因素综合作用的结果。青少年对抑郁的应对可以分为两类：一类是关注问题的应对，指试图解决具体问题的认知和行为，另一类是关注情感的应对，指用内心活动，如否定应激、转移注意力或改变态度来缓解内心的紧张。汉斯斯坦等人的研究表明，逃避型应对比接近型应对的效果更明显，导致更多的危险行为。当个体遇到的问题是可控的或可以通过自己的努力获得解决时，那么关注问题的应对就是最有效的应对。一些研究发现，个体若采取积极的解决问题的应对方式，那么在应激事件后和相当一段时间后，都表现出较低水平的抑郁和焦虑。

(5) 环境因素，对青少年来说，来自家庭中的家庭环境气氛、父母教养方式、亲子关系等以及学校中的师生关系、同伴关系、学习成绩等可能构成威胁青少年的生活应激事件，从而导致青少年的抑郁。密斯若的研究表明，低水平的社会支持和高生活应激可以预测高理论上的应激，而高理论上的应激可以预测高应激反应和抑郁。

**2．青少年抑郁的年龄倾向**

拉道夫等的研究报告发现：在13-15岁期间青少年抑郁心境急剧增加，约在17-18岁达到高峰，随后下降到成人水平；拉斯韦斯卓姆调查发现：初二以前抑郁情绪不存在性别差异，初二之后女生的抑郁状态显著高于同龄男生的抑郁状态。这一性别差异一致保留至高中。

**3．有效预防抑郁的方法**

戈尔曼在《情商》一书中指出，对抗轻度抑郁有两种特别有效的方法，一是学会质疑沉思的核心想法，探究这些想法的合理性，并得出更为积极的替代想法；二是有意识地安排愉快的、转移注意力的方法。他认为人们经常运用的一些策略效果可能适得其反，使人感觉比以前更加糟糕。其中一种策略是独处，人们在情绪低落时往往如此，然而，这种方法在很多时候反而增添了悲伤的孤独感和疏离感；戈尔曼提出，普通的抑郁，人们可以自行应对，和朋友和家人一起从事某项活动，减少对抑郁原因和后果的沉思；严重抑郁会使生活处于停顿状态，解决的方法是精神疗法、时间和药物。

美国心理学家泰斯也发现，有氧运动是摆脱轻度抑郁以及其他消极情绪的最有效的方法之一；除了治疗之外，对抗抑郁最有效的一种方法是从不同的角度看待问题，又称“认知重建”；另一种提振情绪的有效方法是帮助有需要的人。抑郁源自于对自身的沉思和关注，因此，如果我们对他人的痛苦感同身受，对他人伸出援助之手，将会使我们摆脱对自身的痴迷。泰斯的研究发现，投身于自愿者工作，比如辅导幼童、充当大哥哥、给无家可归者运送食物等，是改变情绪最有效的方法，同时也是最易被忽略的方法之一。

基于以上一些研究和理论，我们认为，对抑郁情绪的辅导，在初中就可以开始了，而对高中生尤为重要。在辅导目标上，要实现如下几个目的：

(1) 促进对抑郁情绪和抑郁症的察觉，澄清对抑郁症的认识；

(2) 纠正摆脱抑郁情绪的一些错误方法，练习一些正确的方法；

(3) 营造理解和尊重的环境与氛围，建设良好的人际支持系统。

## 【教学设计】

### 教学目标

(1) 知道抑郁症的基本症状和表现，并在必要的时候寻求医生的帮助；

(2) 知道调节抑郁情绪的两种重要方法：参加社会活动和“认知重建”；

(3) 练习“认知重建”。

### 教学对象

高一年级学生

## 教学准备

1.《十七岁的冬天》影片剪辑

2. 供学生填写的行动力单

## 教学过程

### （一）故事导入：每个人都有抑郁的时候

**1. 名人的故事**

海明威的生活经历中，充满了紧张与压力，他的内心经受着剧烈痛苦而复杂纷呈的变化。他企图利用各种各样的方式摆脱与逃避沮丧与低落的情绪，如不停歇地旅行冒险，寻求各种刺激性生活等，但是仍无济于事。他像只被凶恶老雕穷追不舍的猎物，被追得走投无路、无处躲匿。在 1961 年夏日的一天，他终于用子弹结束了顽强拼搏的一生。

张国荣自恋、敏感、执着，红勘体育馆的告别演出，他泣不成声，在最巅峰的时候骤然停止，当年的决定和那时的坠落一样令人愕然。即使在他的全盛时期，他对自己的成就依然是不能够完全满意，“我想自己可能患上忧郁症，至于病源则是对自己不满，对别人不满，对世界更加不满。”

崔永元说，自己出名后，感觉身上责任就非常重大了。“有了责任感后特别痛苦，每天睡不着觉。我每天到了早上八点，看到太阳冉冉升起，别人都开始上班，自己却躺在床上无法入睡，非常煎熬。我想，为什么要对自己这么苛刻，为什么还要坚持？！”

**2. 提问：**

(1) 这些名人患有什么疾病？

(2) 关于这种疾病，你知道些什么？

## （二）影片讨论：抑郁是怎么一回事？

1．观看影片《下一次的微笑 · 十七岁的冬天》part 1

### 十七岁的冬天

影片描述了一个真实的17岁少女的故事。琳琳，一个平凡的高一女生，喜欢上学校的男同学阿杰。阿杰热爱Hip Hop，也表示过喜欢会跳Hip Hop的女生，于是琳琳开始学习Hip Hop。在一次练习过程中，因为琳琳连续的失误，导致阿杰发脾气。一向对自己的要求很高的琳琳在面对无法达到自我要求与在阿杰面前出糗的双重打击下，选择了逃避，她放弃练舞，所有负面的思考也相继出现，进而产生了忧郁的状况。

2. 学生记录并交流：

抑郁的症状有哪些？怎样察觉抑郁症？

3. 教师讲述：

(1) 抑郁症又称忧郁症，核心症状表现“情绪低落”，就是对一切事物丧失兴趣：回忆过去，自责自罪；面对现实，犹豫不决；展望未来，前途渺茫。病人对过去感兴趣的事物，现在都失去了兴趣，心情极度的沉重，病情严重的甚至想到了自杀。

(2) 情绪低落是抑郁症的一种症状，但是抑郁症不仅仅是情绪低落而已，是情绪、心理、精神方面出现失调和障碍的一种疾病。

(3) 在情绪方面，抑郁表现为“沮丧的状态”，对从前曾感到愉快的事物或活动不再感兴趣，不能对幽默做出反应。

(4) 在认知方面，抑郁表现为否定的自我评价，犯罪感和绝望。据调查，97%的抑郁者表现出否定性的自我评价。否定自己的学生倾向责备自己；把行为的过错归咎于自己。此外抑郁的学生还对未来报有一种悲观绝望的态度，认为自己毫无前途，事情不能越来越好，只能越来越糟。这种悲观绝望情绪是十分危险的，因为自杀行为常与此有关。

(5) 在动机方面，抑郁表现为社交退缩和自杀意向。抑郁的学生倾向于避免社会交往。因抑郁而导致社交退缩的学生应当区别于那些社交障碍的学生。前者在出现抑郁之前是一个主动交往的人，后因抑郁造成被动消极，而后者则一直是一个自我封闭、不与别人交往的人。调查表明，大约三分之二的抑郁学生表现出了社交退缩。

(6) 在身体症状方面，抑郁表现出无缘无故的疲倦，经常诉说头痛、胃痛或身体其他部位的疼痛，并经常出现睡眠障碍，不是睡得过多，就是失眠。此外，还有因食欲不振导致的体重下降，运动、言语和反应迟顿等。

(7) 如果持续时间超过 2 个星期，并伴有以下症状中的 4 项，则需要前往专业医院就诊：①睡眠：失眠或睡眠过多；②兴趣：对大多数事情丧失兴趣或乐趣；③自罪感：觉得自己一无所用；④精力：精力丧失或乏力；⑤注意力：思考能力或注意力降低，优柔寡断；⑥食欲：食欲增加或减少；⑦情绪易被激怒或反应迟缓；⑧自杀：想死或有自杀倾向。

**4. 观看影片《十七岁的冬天》part2**

琳琳自我封闭，不与家人沟通，只与网络上一位网友进行一些交流。幸好家人发现了琳琳的症状，带琳琳前往医院接受治疗。在医生的治疗和家人的关心下，琳琳终于走出了抑郁的阴影，重露笑颜。

**5. 学生交流讨论：琳琳最终是怎么摆脱抑郁症的？**

**6. 教师讲述介绍：对抗抑郁症的有效方法**

方法 1：药物治疗，可前往市精神卫生中心、三甲医院的精神科接受相关治疗。

方法 2：心理治疗，除了药物治疗外，需同时接受心理咨询与治疗。

方法 3：其他方法，如体育锻炼、参加社会活动、做志愿者等等。

### （三）思维练习：怎样摆脱抑郁情绪？

1. **教师提问讨论：每个人都有会抑郁的时候，那么，怎样摆脱抑郁情绪呢？**

2. **活动：观察：有趣的两可图**

3. **讨论：**

(1) 你看到了什么？你喜欢这幅图吗？

(2) 同一幅图，大家看到的一样吗？

(3) 我看到的和我的感受，有什么关系？

4. **教师引导分享：**

我们关注什么，世界就是什么样子。因此，如果我们看到积极的细节，整个情绪就染上积极的色彩；而如果选择一个消极的细节，并且总是记住这个细节而忽略其他方面，整个情绪就会染上消极的色彩。

5. **练习：换换"眼镜"，变消极为积极**

例：事件与想法：早晨，要挤上人满为患的公交车，乘20-30分钟到学校。

变一变：可以观察乘车"众生相"，哈哈！

(1) 练习卷好多张，而且有些是以前做过的题目。

(2) 放学以后，那几个人又凑在一起嘀嘀咕咕，商量着去哪里玩，却没有带上我。

(3) 这次考试，又是第5名。老是第5名！

(4) 老师迎面向我走来。看起来老师的脸色并不好，是对我有什么意见吗？

6. **小组讨论并班级交流，评选出"最意外眼镜"和"最开心眼镜"。**

7. **教师分享与鼓励：**从现在开始，大家可以试一试：当眼前一片阴霾时，摘下那幅眼镜，换上一幅开心的眼镜！

### （四）行动思考：身边如果有人患有抑郁症，我能做些什么呢？

**1. 教师讲述：**

崔永元表示，这两年他一直在接受心理治疗，身体也正在恢复。但是现在社会对这种病知道得特别少，很多人不以为这种精神状态是一种病，而他公开自己的病情真相也就是要告诉大家，如今越来越多的人确实存在这种病，如果你身边有患心理疾病的人，不要歧视他，一定要鼓励他去看医生。

崔永元谈到了两个非常重要的做法：平等的态度、不讳疾忌医而要寻求医生的帮助。除此之外，当我们身边有人出现了抑郁的情绪，我们能做些什么呢？

**2. 同学填写行动力单。**

**3. 学生交流。**

**4. 教师总结：**

抑郁症又被称之为“心理感冒”，虽然被称为仅次于心脏病的第二大疾病，但是它是可以治愈的。早一点察觉、多一份信心、有一份支持和陪伴、坚持治疗、走入人群，一定可以度过这段抑郁的日子！

## 【教学反思】

关于抑郁症，在中学生的情绪辅导中很少有教师直接面对，而事实上，随着抑郁症学生人数的日益增多，帮助学生正确认识抑郁症、面对抑郁情绪，是非常重要的早期预防抑郁症的做法。

本节课通过对名人故事的引入，帮助学生建立一个基本认识：抑郁症是一种常见的疾病，而且，不同的抑郁症患者的处理方式会带来不同的结果。接下来，通过一段视频的播放和讨论，和学生共同探讨抑郁症的症状和处理方法；再通过从不同的角度看问题来帮助学生理解认知对情绪的影响，强化抑郁情绪是可以摆脱的态度。最后，通过行动力作业来促进人际之间的相互支持与关注，营造良好的关心抑郁症患者的氛围。

在本次课中，有两个亮点：

其一是视频的选择。这段视频是中国台湾进行抑郁症宣传的影片，非常贴近学生的生活。

其二是用“换眼镜”的活动生动有趣地说明了认知重建的方法。认知重建是认知疗法的重要方法，包括了对不合理的认知和信念的挖掘，加以分析、批判，再代之以合理的、现实的思维方式的过程。这个过程是理性而且枯燥的，对学生来说，需要时间来接受和消化。因此，在课堂上用“换眼镜”和“评选眼镜”的活动方式，使学生更容易参与和理解活动。

但是由于时间的关系，本节课的设计依然是停留于表面的，对学生的归因风格、自尊心建立、问题解决技巧等均未曾有所涉及。因此，再次调整的意见如下：

如果要实施系列辅导，建议参考“教学资源”部分对澳大利亚 RAP 计划的介绍，可以设计系列课程；

如果要加强对学生的认知辅导，可参考“教学建议 2”和“教学资源”部分“改变思维的 15 种方法”，或者阅读《伯恩斯新情绪疗法》，进行更为深入的辅导。

## 【教学建议】

**1. 关于教学用视频**

《十七岁的冬天》这部影片的主人公是 17 岁高中女生，因学业挫折和交友挫折而导致抑郁情绪，并逐渐发展为抑郁症。故事情节与学生的生活实际非常相似，而且故事性强，比较吸引人。

但是因为是故事，所以虽然情节完整，真实性程度略有欠缺。可适当替换为：

“鲁豫有约”节目在《抑郁症》这段访谈节目中，鲁豫与三位抑郁症患者进行了交流，讨论了抑郁症的发病原因、心路历程，非常真实。但这三位抑郁症患者都是成年人，与中学生的生活实际相去甚远。

“艺术人生”节目 2005 年 3 月“专访崔永元” 崔永元是央视名嘴，因而他患有抑郁症的事实让更多人关注抑郁症，因此，他的经历对学生来说，具有一定的说服力。

以上视频都可在网络上获得。

**2. 关于思维练习**

戴维·伯恩斯博士是认知疗法的重要发展者之一，他的著作《伯恩斯新情绪疗法》是美国、加拿大精神科医师和心理学家最常“开药方”给抑郁症患者的书籍。在书中，他提出认知扭曲是导致了抑郁情绪的重要原因，并总结出 10 条认知扭曲的特点：

(1) 非此即彼思维，用非黑即白的思维模式看待整个世界。只要自己的表现有一点不完美，就宣告彻底失败。

(2) 以偏概全，在自己看来，只要发生一件负面事件，就表示失败会接踵而来，无休无止。

(3) 心理过滤，单单挑出一件负面细节反复回味，最后你眼中的整个现实世界都变得黑暗无光。就像一滴墨水染黑了一整杯水。

(4) 否定正面思考，拒绝正面的体验，坚持以这样或者那样的理由暗示自己“它们不算”。

(5) 妄下结论，喜欢用消极的理解方式下结论，即使没有确切的事实有力地证明也如此。

(6) 放大和缩小，对于自己的错误或者他人的成就等方面，往往会夸大它们的重要性。但对于自己的优点或者他人的缺点等方面，又会不理智地将它们缩小，把它们看得微不足道。

(7) 情绪化推理，认为只要有负面情绪，就足以证明事实确实非常糟糕。

(8) “应该”句式，习惯于用“我应该做这个”和“我不应该做那个”来鞭策自己，好像自己需要被皮鞭抽一顿之后才能好好干活一样。

(9) 乱贴标签，这是一种极端的以偏概全的形式。此时，不再描述自己的错误，而是给自己贴上消极的标签，如“我真是个废物”。

(10) 罪责归己，即使某些外界消极事件根本不需要自己负责，却会认为自己是罪魁祸首。

如果课堂教学的时间允许，如果是针对接受过较好的系列心理健康教育的高中学生，可结合《十七岁的冬天》中琳琳的思维误区，可以对这些认知扭曲进行举例详细介绍，取代“换眼镜”活动。

## 【教学资源】

抑郁自评量表（SDS）

伯恩斯抑郁状况自查表

转变思维的 15 种方法

青少年应变力辅导计划（RAP）

# 下篇：积极情绪的培养与发展

# 第八章

# 你选择做哪只狐狸？

## 【教学背景】

著名专栏作家哈理斯 (Sydney J.Harries) 和朋友在报摊上买报纸，那朋友礼貌地对报贩说了声谢谢，但报贩却冷口冷脸，没发一言。

“这家伙态度很差，是不是？”他们继续前行时，哈理斯问道。

“他每天晚上都是这样的。”朋友说。

“那么你为什么还是对他那么客气？”哈理斯问他。

朋友答道：“为什么我要让他决定我的行为？”

一个成熟的人握住自己快乐钥匙，他不期待别人使他快乐，反而能将快乐与幸福带给别人。每人心中都有把“快乐的钥匙”，但我们却常在不知不觉中把它交给别人掌管。

“都是你啦！你让我很生气！”

“你总是唠叨个不停，烦死了！”

“如果没有考试就开心了！”

“又被老师骂了，悲催啊！”

……

谁掌控了我们的情绪？

在上述对心情的描述中，似乎是“环境”、“事件”甚至“他人”在掌控着我们的心情。的确，如果我们缺乏对自己情绪的知觉，那么确实很可能在情绪的连锁反应中忽略掉“自己”的作用，把自己的情绪作为是唯一的、理所应当的反应，而忽略了其他可能。在不知不觉中，我们把快乐的钥匙拱手相让，悲哀地成为了情绪的奴隶。

事实上，情绪不是一种被动的反应，而是一种主动的决定。当一件事情发生的时候，使我们自己选择了某一种情绪。只是这种选择常常是习惯性的、快速的，以至于会被我们忽略掉而已。

当前，认知在情绪中的作用已经被反复论证并广泛应用。但是在生活中，却还是很少有人能够真正成为情绪的主人。对于初中生而言，情绪常常来得直接、激烈，这和他们看待问题的执着单一是有关系的。如果他们能够明白，自己对事件的解释不是唯一的、自己可以选择其他的解释并获得不一样的心情，那么，他们就能够更好地调控自己的情绪了。

“我们能够选择情绪吗？我们怎样才能够成为情绪的主人？”这是本节课试图解答的问题。通过本课的活动，希望让学生增强一种信念：对情绪，我们是拥有选择权的！

## 【教学设计】

### 教学目标

(1) 了解同一件事情可以有多种想法和反应，尝试从不同的角度看问题。

(2) 练习使用积极的想法来替代消极想法，以获得正面的情绪和应对方式。

### 教学对象

初中学生

## 教学准备

(1) 准备课堂任务单，每人一份；

(2) 课件制作

## 教学过程

### （一）热身活动：脑筋急转弯

**1. 规则：**

以轮流的方式——报数，每一位同学轮到时坐着说出自己轮到的数字，但在轮到 3（3、13、23…）或是 3 的倍数时（3、6、9、12….），该位同学必须拍手，且不可说出此数字。出错的同学，必须用夸张的情绪雕塑（表情 + 动作）来表达出此时的心情。

**2. 学生报数，老师板书记录出错学生的情绪。**

小 A（非常害羞地、忸怩地站起来；挠头、吐舌头，脸已经通红。）

学生猜测：害羞？尴尬？

（小 A 点头，表明他此刻的心情是“尴尬”。教师板书“尴尬”。）

小 B（慢吞吞地站起来，翻白眼。）

学生猜测：尴尬？委屈？生气？不满？ 倒霉？

（小 B 摇头，一字一字地说“无所谓”，然后瞪了同桌一眼。教师板书“无所谓”。）

小 C（沮丧地站起来，耷拉着眉眼，摊开双手。）

学生猜测：沮丧？难过？委屈？

（小 C 摇头，大声说“我好悲催啊！ ”教师板书“悲催”。）

小 C（大大咧咧地站起来，笑嘻嘻地扮鬼脸，还向大家鞠躬。）

学生猜测：歉疚？得意？开心？

（小 B 点头，表明他此刻的心情是“开心”。教师板书“开心”。）

**3. 引入：**

一样的出错，不一样的情绪，这里面是否有什么奥秘呢？也许，智慧就蕴含在古老的故事中（出示课题：你选择做哪只狐狸？）

## （二）故事新编：狐狸吃葡萄

**1. 结合 PPT 讲述故事并提问互动**

引子：在一位农夫的果园里，紫红色的葡萄挂满了枝头，令人垂涎欲滴，当然，这种美味也逃不过安营扎寨在附近的狐狸们，它们早就想享受一下了……

第一只狐狸来到了葡萄架下，它也发现以它的个头这一辈子是无法吃到葡萄了。因此，它心里想："这个葡萄肯定是酸的，吃到了也很难受，还不如不吃。"

提问：这只狐狸接下来可能怎么做？他的心情会是怎样的呢？（它看起来无所谓地离开了。）

第二只狐狸来到了葡萄架下，一看到葡萄架比自己高，愿望落空了。它对葡萄架的高度非常不满，这导致了它不能尝到甜美的葡萄，于是它就怪罪起葡萄藤来。说葡萄藤太好高骛远，爬那么高，说葡萄的内心其实并没有表面看上去那么漂亮。他越想越气，心想："凭什么我就吃不到葡萄啊！我吃不到，别人也别想吃到！"

提问：这只狐狸的心情是怎样的？接下来可能怎么做？（他破口大骂，撕咬自己够得到的藤，正巧被农夫发现，一铁锹把它拍死了。）

第三只狐狸身材特别矮小，但是同伴们都极力怂恿它来摘葡萄。它来到了葡萄架下，它一看自己的身高在葡萄架下显得如此的渺小。心想："他们明知道我矮，还要叫我来摘，不是看我好欺负吗？为什么我这么矮小，如果像大象那样，不是想吃什么就吃什么吗？为什么葡萄架这么高，我辛辛苦苦等了一年，本以为能吃到，没想到是这种结果？……"

提问：这只狐狸的心情是怎样的？接下来可能怎么做？（他伤心地在葡萄架下哭了一整天。）

第四只狐狸来到了葡萄架下，同样是够不到葡萄。他想："听别的狐狸说，柠檬的味道似乎和葡萄差不多，既然我吃不到葡萄，何不尝一尝柠檬呢，总不能在一棵树上吊死吧！”

提问：这只狐狸的心情会是怎样的呢？接下来可能怎么做？（它心满意足地离开去寻找柠檬了。）

第五只狐狸来到了葡萄架下，它发现葡萄架要远远高出它的身高。它站在下面想了想，不愿就此放弃："机会难得啊，一年可只有一次机会呢！我一定能想出办法！”想了一会儿，他想到了办法……

提问：他接下来可能会怎么做？（为什么我们不学习猴子捞月的合作精神呢？它们有猴子捞月，我们有狐狸摘葡萄，说不定也会成为千古佳话呢！于是它动员所有想吃葡萄的狐狸合作，搭成狐狸梯，这样大家都吃到了甜甜的葡萄。）

**2. 提问和讨论：**

(1) 生活中你更像是哪只狐狸？

(2) 如果可以选，你会选择做哪只狐狸？原因是什么？

(3) 是什么导致了这些狐狸有不一样的心情和做法？

师：生活中你更像是哪只狐狸？

（台下响起笑声，以及“第一只”、“第二只”等零落的声音。教师可以随机抽取学生进行回答。）

生：我好像比较像“吃柠檬”的那只，如果有什么东西我得不到，我会想没关系啊，我可以去选其他的东西。

生：如果我吃不到葡萄，我准会像第二只狐狸一样，把葡萄架给砸了！

生：我可能会想办法吧。一般来说我不太会轻易放弃的。

……

师：好，果然是千人千面。那如果说可以选，你会希望自己是哪只狐狸呢？

生：当然是最后一只狐狸啊，因为只有他吃到葡萄了！

生：我觉得吃柠檬的那只也不错啊，至少他心情蛮好的，是怀着憧憬离开的！

生：我不同意。我觉得那只吃柠檬的和说葡萄是酸的狐狸一样，表面上看起来无所谓，其实心里啊，酸酸的！我觉得我宁愿会做那只愤怒的狐狸，因为至少他把心里的不满都发泄出来了。

生：我不同意，愤怒的狐狸即使把葡萄架砸了，心里还是不好受的啊，而且你看，他最后还是不能吃到葡萄，还要为他的行为付出代价。

……

师：讨论得好激烈啊！我们似乎发现，如果可以选择的话，情况就不一样了。我们会仔细衡量每一种做法的利害得失。那么回过头来想想，我们可以选择吗？归根到底，是什么让这几只狐狸有了不一样的做法？

生：性格吧，我觉得是。像那只愤怒的狐狸，一定是性格很暴躁的；那只哭哭啼啼的狐狸，一定是很懦弱的；而那只想办法的狐狸，肯定是很冷静的。

师：也许是性格，但从这一件事情上，可能还下不了定论。从刚刚这个故事里，能不能具体一点看出他们有什么不一样的呢？

生：他们在吃不到葡萄的时候的想法！

师：嗯，这想法有什么不一样？

生：第一只想“葡萄是酸的”他就讪讪地走了，第二只是想“我吃不到别人也别想吃到”他很愤怒,第三只想“就我最倒霉了”他难过死了,想“吃柠檬好了”那只看起来挺平静的，最后想“我能想出办法的”那只最终想出了办法。

师：归纳得很好。吃不到葡萄的狐狸的心情怎么样、做出什么样的行为，取决于在葡萄架下他们想法！如果他有比较积极的想法,像“吃柠檬”或者“想办法”的狐狸，他就能有比较平静、愉悦的情绪，甚至让他最终解决面临的困难——吃到葡萄或者吃到柠檬！

教师：在现实生活中，其实有很多类似的故事，有时候，是我们想要吃葡萄，有时候，是别人要我们去摘葡萄，还有的时候，甚至可能是葡萄架倒了砸到了我们头上！但是，不管遇到什么事情，我们对这些事情的解释都可以是多种多样的，我们可以选择积极的解释，从而体验到比较积极的情绪，并且更好的应对面临的问题！

## （三）四格漫画：想法转一转

**1. 过渡**

阿狸是生活在现实世界的一位普通同学。和我们每个人一样，在他身上每天都会发生很多小故事。但是，阿狸有一个快乐秘诀，他总能把一件看起来有点糟糕的事情转化成一件比较平静，甚至快乐的事！

**2. 呈现情景例子**

阿狸兴冲冲地参加篮球队的选拔，却惨遭淘汰。首先冒出来的是一个消极的想法，“看起来我在体育方面是没有希望了。”这个想法让阿狸很难过，很自卑。当他意识到这一点之后，他换了一个想法：“说不定我在其他项目上会比较厉害哦，刘翔不也是跳高练不成再去练跨栏的！”，这个想法让他感到很振奋，于是，阿狸又尝试了各种体育项目，他发现在游泳课上他的表现可是班上数一数二的！

**3. 学生活动**

当然，这样的例子还有很多！在这里就有阿狸遇到的一些事情，请同学们模仿阿狸采用的快乐秘诀，在漫画中画出阿狸遇到这些事情之后可能会出现的想法、情绪和行为！

学生活动：在四格漫画中画出：事件→可能有的消极想法→想法转一转→积极的情绪和行为。

(1) 情景一：老师还没来，大家都在讲话，正讲得兴高采烈时，老师来了，就只有看到我在讲话，把我臭骂一顿。

(2) 情景二：放学时，同学们都成群结对的，有说有笑，只有我一个人没有伴。

(3) 情景三：一下课，就听到广播里大叫“** 班阿狸同学，马上到政教处来！”

(4) 情景四：考试结束，试卷发下来，同桌高了我 1 分。

(5) 情景五：回到家，本想玩一会电脑再做作业的，谁知妈妈下班回来，坚持要我做完作业才能玩电脑。

**4. 小组交流和分享**

各组推荐代表进行全班分享（推荐应用阿狸的快乐秘诀，把事情处理得最成功的一位同学进行分享）。

情景一的分享

生 A：

图一（情景一）：老师还没来，大家都在讲话，正讲得兴高采烈时，老师来了，就只有看到我在讲话，把我臭骂一顿。

图二（消极的想法，消极的心情）：老师就是针对我！（愤怒）

图三（想法转一转，心情靓起来）：讲话本来就不对，自己有错在先，下次不要再犯就好了。（平静）

图四（行为和结果）：自习课独善其身，受到老师表扬了！

生 B：

图一（情景一）：老师还没来，大家都在讲话，正讲得兴高采烈时，老师来了，就只有看到我在讲话，把我臭骂一顿。

图二（消极的想法，消极的心情）：我为什么总是这么倒霉呢！（委屈）

图三（想法转一转，心情靓起来）：我不入地狱谁入地狱，如此舍身取义，牺牲成仁，也算功德一件。（愉快）

图四（行为和结果）：在课后和同学们依然友好相处，受到大家的安慰！

生 C：

图一（情景一）：老师还没来，大家都在讲话，正讲得兴高采烈时，老师来了，就只有看到我在讲话，把我臭骂一顿。

图二（消极的想法，消极的心情）：为什么受伤的总是我！（委屈）

图三（想法转一转，心情靓起来）：我不入地狱谁入地狱，如此舍身取义，牺牲成仁，也算功德一件。（愉快）

图四（行为和结果）：在课后和同学们依然友好相处，受到大家的安慰！

生 D：

图一（情景一）：老师还没来，大家都在讲话，正讲得兴高采烈时，老师来了，

就只有看到我在讲话，把我臭骂一顿。

图二（消极的想法，消极的心情）：今天真是太倒霉了！（沮丧）

图三（想法转一转，心情靓起来）：否极泰来，等等会有好事发生的！（振奋）

图四（行为和结果）：充满期待地迎接接下来的课！

……

**5. 在每一组的分享后提问**

大家觉得这位同学的快乐秘诀应用得怎么样？（心情变好了吗？对解决他面临的问题有帮助吗？）

**6. 总结**

通过阿狸的故事，你发现让阿狸快乐的秘诀究竟是什么呢？

当我们对事情做出积极的解释时，除了能够收获快乐的情绪，还能够更好地解决问题！

### （四）结束：做一只快乐的狐狸。

**1. 回顾“脑筋急转弯”活动**

请表演情绪雕塑的学生分享当时对“出错”这件事的看法。

师：让我们再来看看一开始的“脑筋急转弯”，同样的出错，得到的情绪有“尴尬”、“无所谓”、“悲催”、“开心”。相信这些同学对于“出错、要表演”这件事肯定有不一样的解释。

小 A：我当时觉得好尴尬，因为我第一个出错的啊！前面都很顺的！觉得挺不好意思的，打断大家这么流畅的报数了！

小 B（装出“咬牙切齿”的样子）：其实，我不能算“无所谓”啦。当时我挺生气的，我觉得我前面的同学故意报得很轻，故意让我听错我才出错的！

（同学们笑，说“愤怒的狐狸来了！”）

小 C：我就是觉得很惨啊。我今天真是太倒霉了，还想着下课还要去老师办公室挨批评，这边就又出差错了，还要让大家看我笑话。我当时觉得自己是最悲惨的人之一了！

师：现在呢？还这样感觉吗？

小C：现在倒有些无所谓了。其实也不是只有我这么悲惨嘛！

小D：我就觉得这是件好事情啊，娱人娱己嘛，逗大家一笑有什么不好。而且老师让我们玩这个游戏就是想要我们出错的嘛，没人出错老师岂不是很没面子。对吧？

师：谢谢小D同学这么体谅我。相信同学们已经发现，同一件事情真的有不一样的解读角度的，怎么看待一件事就能收获怎样的情绪。想要快乐，就从积极的角度看世界吧，这是你自己可以把握的选择！

**2. 结束：**

原来在古老的“狐狸吃葡萄”的故事里，蕴含着这样的哲理：

- 事件＋X＝情绪＋行为

  当“X＝积极的想法”时，

- 情绪＝快乐
- 行为＝问题的解决

请记住：怎么看待事件的X，是你自己可以把握的选择！

## 【教学反思】

这节课整体上感觉轻松愉快，学生的参与度高，课后反应也觉得有趣并有收获，基本达到了预设目标。但回顾备课和教学的过程，让我回味之处颇多。

**1. 亮点及其产生的过程**

情绪的认知调整是思辨性较强的一个内容，为了让它变得生动有趣，本节课主要运用的方法是文字的漫画呈现。对于“读图”时代里成长起来的一代，这个改变很让他们欣喜，也激发了他们参与的热情。可是，作为没有绘画或电脑制作基础的心理教师，如何做到这一点呢？答案是——集众人之智慧。

“狐狸吃葡萄”的故事来自网络，我对它进行了改编，挑出了几只最常见、最典型的“狐狸”。为了让故事的讲述更加生动，我请方溥老师——一位才华横溢的电脑高手——帮忙制作了动画效果，方老师选定的“狐狸”形象来自于网络上广为流传的“阿狸”。

“阿狸”的形象还被运用到了四格漫画中。四格漫画讨论的是学生生活中很常见的几件事，而它的创作者是我们的学生——王一帆同学，一个有绘画天赋的文艺女生。当我把创作的要求告诉她之后，她用不多的课余时间帮助我完成了原稿的创作。

这件事给我的体会是：做心理老师是一件有创造性的事，但是，并不苛求我们成为全才。对于创意的挖掘或者实现，我们可以依赖于同事、学生、网络等丰富的资源，这也是我们的“支持系统”吧！

**2. 预设之外及其处理**

本课有两处，学生的反应超出我的预设。

第一处是对五只狐狸的评价，我的预设是多数学生会选择成为“想办法吃葡萄”的那只狐狸，因为它的做法看起来是最积极上进的。事实上，更多的学生选择成为那只“不如去吃柠檬”的狐狸，这也许反映了当今学生的一些心态（如并不愿意在一件事情上过于执着）。还好，在这个环节，我们并不需要分出孰优孰劣，我只要引导学生意识到“对一件事情不只有一个想法，不一样的想法会导致不一样的情绪和行为”就可以了。

第二处是四格漫画的分享。事实上，事先我预设的判断“想法转一转”是否成功的标准是“情绪和行为变得积极”就可以了。但是在课堂上才发现，“积极”是一个很难把握的标准。比如，当面对同桌比自己高1分的事实时，有学生会想“哼，有什么了不起，还不是偷看我的！”然后接下来的情绪是“不屑”，行为是“下次考试遮得紧紧的”，结果是“同桌考得远不如自己”。这样的想法、情绪和行为反应可能并不如我们所愿那么“积极阳光”，结果也是想象多于现实。那是否需要向学生指出这一点、如何指出呢？我后来采用的方法是将问题抛给学生，请学生思考：“他这样想之后的心情对事情有益吗？”、“他得到这样结果的可能性大吗？”让学生之间引发讨论，而多数时候，学生会得出趋向于我们期望的“积极”的方向。当然，也会发生学生和老师意见不一致的情况，这时候，也许是我们老师需要考虑自己的想法是否过于理想化了。

# 【教学建议】

1、“狐狸吃葡萄”的故事以及后面的“四格漫画”创作，其呈现的形式可以根据以教师手头的资源进行调整，以教师擅长的方式呈现。如“狐狸吃葡萄”的故事不一定用动画，用布偶表演、情景剧也会有非常出彩的效果；而“四格漫画”也可以用情景表演的方式呈现讨论结果。建议不同形式交叉使用，以免学生厌倦。

2、如教学反思中所提及的，不要试图对学生的想法或者行为方式做“好与坏”或者“对与错”的价值判断，因为这很容易引起学生的防御。他们可能会说“我就是喜欢这样”、“我觉得这样很好”，比评价更加重要的是接纳，教师首先接纳他们可能有的反应方式，然后引导他们思考自己是否喜欢这种方式以及这种行为方式带来的结果。当然，可以允许其他学生发表自己对这种方式的见解，但在引导学生讨论的过程中，教师需要减少暗示性，要保持中立和开放的态度。

# 【教学资源】

## 一、十八只狐狸吃葡萄的故事

有一个古老的故事开头：在一位农夫的果园里，紫红色的葡萄挂满了枝头，令人垂涎欲滴，当然，这种美味也逃不过安营扎寨在附近的狐狸们，它们早就想享受一下了。

第一只狐狸来到了葡萄架下，它发现葡萄架要远远高出它的身高。它站在下面想了想，不愿就此放弃，机会难得啊！想了一会儿，它发现了葡萄架旁边的梯子，回想农夫曾经用过它。因此，它也学着农夫的样子爬上去，顺利地摘到了葡萄。（这只狐狸采用的就是问题解决方式，它直接面对问题，没有逃避，最后解决了问题。）

第二只狐狸来到了葡萄架下，它也发现以它的个头这一辈子是无法吃到葡萄了。因此，它心里想，这个葡萄肯定是酸的，吃到了也很难受，还不如不吃。于是，它心情愉快地离开了。（这只狐狸运用的是心理学当中经常提到的“酸葡萄效应”，也可以称为文饰作用或合理化解释，即以能够满足个人需要的理由来解释不能实现自我目标的现象。）

第三只狐狸来到了葡萄架下，它刚刚读过《钢铁是怎样炼成的》，深深地被主人公的精神打动。它看到高高的葡萄架并没有气馁，它想：我可以向上跳，只要我努力，我就一定能够得到。“有志者事竟成”的信念支撑着它，可是事与愿违，它跳得越来越低，最后累死在了葡萄架下，献身做了肥料。（这只狐狸的行为，在心理学上我们称为“固执”，即反复重复某种无效的行为，有时我们也称它为强迫症。它说明，不是任何事情的最佳方案都是解决问题，要看自己的能力、当时的环境等多种因素。）

第四只狐狸来到了葡萄架下，一看到葡萄架比自己高，愿望落空了，便破口大骂，撕咬自己能够得到的藤，正巧被农夫发现，一铁锹把它拍死了。（这只狐狸的行为我们称它为“攻击”，这是一种不可取的应对方式，于人于己都是有害无利的。）

第五只狐狸来到了葡萄架下，它一看自己的身高在葡萄架下显得如此渺小，便伤心地哭起来了。它伤心为什么自己如此矮小？如果像大象那样，不是想吃什么就吃什么吗？它伤心为什么葡萄架如此高，自己辛辛苦苦等了一年，本以为能吃到，没想到是这种结果。（这只狐狸的表现我们在心理学上称之为“倒退”，即个体在遇到挫折时，从人格发展的较高阶段到人格发展的较低阶段。）

第六只狐狸来到了葡萄架下，它仰望着葡萄架，心想，既然我吃不到葡萄，别的狐狸肯定也吃不到，如果这样的话，我也没什么好遗憾的了，反正大家都一样。（这只狐狸的行为在心理学中称之为“投射”，即把自己的愿望与动机归于他人，断言他人有此动机和愿望，这些东西往往都是超越自己能力范围的。）

第七只狐狸来到了葡萄架下，它站在高高的葡萄架下，心情非常不好，它在想为什么我吃不到呢，我的命运怎么这么悲惨啊，想吃个葡萄的愿望都满足不了，我的运气怎么这么差啊？越想它越郁闷，最后郁郁而终。（这只狐狸的情况是“抑郁症”的表现，即以持久的心境低落状态为特征的神经性障碍。）

第八只狐狸来到了葡萄架下，它尝试着跳起来去够葡萄没有成功，它试图让自己不再去想葡萄，可是它抵抗不了，它还试了一些其他的办法也没有见效。它听说有别的狐狸吃到了葡萄，心情更加不好，最后它一头撞死在葡萄架下。（这只狐狸的下场是由于它心理不平衡造成的，在现实生活中我们经常会遇到类似的“不患无，患不均”的现象。很多人在与别人比较的时候，因为心理不平衡选择了不适当的应对方式。）

第九只狐狸来到了葡萄架下，同样是够不到葡萄。它心想，听别的狐狸说，柠檬的味道似乎和葡萄差不多，既然我吃不到葡萄，何不尝一尝柠檬呢，总不能在一棵树上吊死吧！因此，它心满意足地离开去寻找柠檬了。（这只狐狸的行为在心理学上我们称之为“替代”，即以一种自己可以达到的方式来代替自己不能满足的愿望。）

第十只狐狸来到了葡萄架下，它看到自己的能力与高高的葡萄架之间的差距，认识到以现在的水平和能力想吃到葡萄是不可能的了，因此它决定利用时间给自己充电，报了一个研究生课程进修班，学习采摘葡萄的技术，最后当然是如愿以偿了。（这只狐狸采用的是问题指向应对策略，它能够正确分析自己与问题的关系和性质，找到最佳的解决方案，是一种比较好的应对方式。）

第十一只狐狸来到了葡萄架下，它同样也面临着相同的问题。它转了一下眼睛，把几个同伴骗了来，然后趁它们不注意，用铁锹将它们拍昏，将同伴摞起来，踩着同伴的身体，如愿以偿地吃到了葡萄。（这只狐狸虽然最后也解决了问题，但它是在损害他人利益的基础上来解决的，这种应对方式不可取。）

第十二只狐狸来到了葡萄架下，这是一只漂亮的狐狸小姐，它想我一个弱女子无论如何也够不到葡萄了，我何不利用别人的力量呢？因此，它找了一个男朋友，这只狐狸先生借助梯子给了狐狸小姐最好的礼物。（这在心理学上称为“补偿原则”，即利用自己另一方面的优势或是别人的优势来弥补自己的不足，这种方式在一些情况下也不失为一种好方法。）

第十三只狐狸来到了葡萄架下，它对葡萄架的高度非常不满，这导致了它不能尝到甜美的葡萄，于是它就怪罪起葡萄藤来。说因为葡萄藤太好高骛远，爬那么高，说葡萄的内心其实并没有表面看上去那么漂亮。发泄完后，它平静地离开了。（这只狐狸的行为在心理学上我们可以称之为“抵消作用”，即以从事某种象征性的活动来抵消、抵制一个人的真实感情。）

第十四只狐狸来到了葡萄架下，发现自己无法吃到向往已久的葡萄，看到地上落下来已经腐烂的葡萄和其他狐狸吃剩下的葡萄皮，它轻蔑地看着这些，作呕吐状，嘴上说：“真让人恶心，谁能吃这些东西啊！”（这只狐狸的行为在心理学上我们称之为“反向作用”，即行为与动机完全相反的一种心理防御机制。）

第十五只狐狸来到了葡萄架下，它既没有破口大骂，也没有坚持不懈地往上跳，而是发出了感叹，美好的事物有时候总是离我们那么远，这样有一段距离，让自己留有一点幻想又有什么不好的呢？于是它诗性大发，一本诗集从此诞生了！（这只狐狸的行为在心理学上我们称之为“置换作用”，即用一种精神宣泄去代替另一种精神宣泄。）

第十六只狐狸来到了葡萄架下，它发现想吃葡萄的愿望不能实现后，不久便产生了胃痛、消化不良的情况。这只狐狸一直不明白一向很注意饮食的它，怎么会在消化系统出现问题。（这只狐狸发生的情况在心理学中我们可以称之为“转化”，即个体将心理上的痛苦转换成躯体上的疾病。）

第十七只狐狸来到了葡萄架下，也发现了同样的问题，它嘴一撇，说：“这有什么了不起的，我们狐狸中已经有人吃过了，谁说只有猴子能吃到果子，狐狸一样行！”（这只狐狸所表现的言行是一种情绪取向的应对方式，在心理学中我们可称之为“傍同作用”，即当自我评价值低于他人价值时，寻找与自己有关系的人来实现自我价值。）

第十八只狐狸来到了葡萄架下，它心想，我自己吃不到葡萄，别的狐狸来了也吃不到葡萄，为什么我们不学习猴子捞月的合作精神呢？它们有猴子捞月，我们有狐狸摘葡萄，说不定也会成为千古佳话呢！于是它动员所有想吃葡萄的狐狸合作，搭成狐狸梯，这样大家都吃到了甜甜的葡萄。（这只狐狸采取的是问题取向的应对方式，它懂得合作的道理，最终的结果既利于自己，又利于大家。）

（摘自网络）

## 二、阿狸的四格漫画及学习单

### 1. 情景

1.
放学时，同学们都成群结对的，有说有笑，只有我一个人没有伴。

1.
回到家，本想玩一会电脑再做作业的，谁知妈妈下班回来，坚持要我做完作业才能玩电脑。

2. 学习单样例

想法转一转
结果大不同
心情绘本屋

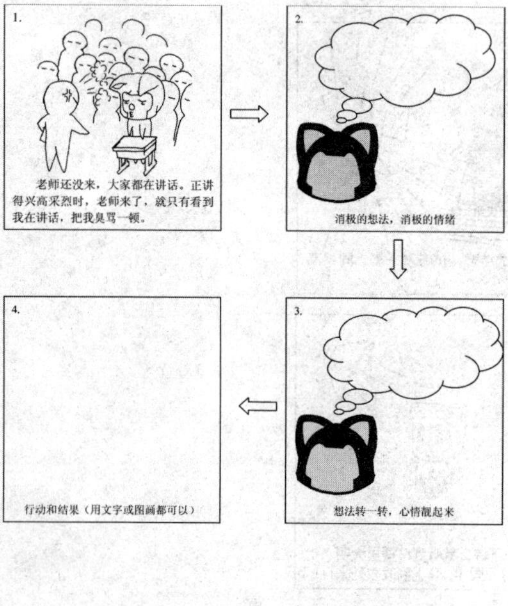
1.
老师还没来，大家都在讲话。正讲得兴高采烈时，老师来了，就只有看到我在讲话，把我臭骂一顿。
2.
消极的想法，消极的情绪
3.
想法转一转，心情靓起来
4.
行动和结果（用文字或图画都可以）

## 三、替代活动

1. 故事接龙（替代“故事新编”，播放背景音乐：维瓦尔第《四季》）

a. 教师举例说明活动规则：根据给出的关键词，每个人在前人的基础上完成故事的一部分。

b. 给出题目：今天早上……连续错过两部公交车……整天……我……

c. 分别请两组学生（四个学生一组）进行故事接龙。

d. 分享：这两个故事和你心中的那个故事一样吗（如果你遇到这样的事，你可能会有什么心情？）

e. 引导学生发现对事件的不同解读及其带来的不同心情和结果，引入课题。

2．情景表演（替代“四格漫画”）

a. 将学生分成 6-8 人一组，每组讨论一个个案，分析该负面情绪对个案中的主角所带来的影响。

b. 每组合作设计一出短剧，先演绎个案的负面情绪及行为，最后以正面的想法和行为设计一个结局。

c. 教师给予学生 15 分钟时间讨论个案及准备短剧。每组均有 2 分钟时间演绎短剧。

d. 每组学生演出之后，教师引导学生讨论：前后两个短剧中，主人公的想法发生了什么样的变化？

### 个案（一）

1. 个人资料

姓名:文文

年龄: 11 岁

性别:女

职业:学生

2. 背景:

暑假过后，文文不能与好友一起升上同一班级，因而感到十分孤独。升上初一后，她从一个开朗活泼的学生，变成一个沉默寡言的学生，对每件事情都提不起兴趣，故此新同学都不愿与她交往。近日，文文的旧同学约她出来聚聚，她竟然因为害怕与她们没有共同话题，而拒绝参与。每天放学后，文文都会躲在自己的房间里，不愿与家人倾谈。有时想到自己没有朋友，便不禁哭起来。

**个案（二）**

1.　个人资料

姓名:小志

年龄: 11 岁

性别:男

职业:学生

2. 背景:

小志今年是初一学生，他十分介意自己个子矮小，怕被同学欺侮和取笑，加上他很在乎别人说的话，一旦遇到批评，便会十分紧张，有时甚至会愤怒地责骂身边的同学，故此同学都不敢主动接近他。老师曾劝导他要平心静气去面对各种批评，而且有些同学的意见可能是出于好意，可是小志以为老师针对他，认为无论他表现有多好，老师也不会留意到，于是他便开始反叛，故意做出各种各样差劣的行为……

**个案（三）**

1. 个人资料

姓名:凯儿

年龄: 11 岁

性别:女

职业:学生

2. 背景:

凯儿是初一学生，最喜欢上网看漫画。某天晚上，凯儿在网上看漫画时，姐姐表示她要上网搜集数据，请妹妹让她使用计算机一小时，但凯儿认为姐姐是想阻止她看漫画，不肯答应。父母知道后，要求凯儿马上让出计算机。凯儿认为父母偏心姐姐，感到十分妒忌和愤怒，便走进房间把姐姐最心爱的衣服剪破……

## 个案（四）

1. 个人资料

姓名:伟强

年龄: 11 岁

性别:男

职业:学生

2. 背景:

伟强的父母经常不在家，每当父母在家里，他们总是骂伟强不长进，只顾玩游戏。伟强感到非常生气及委屈，因为他习惯学习过后才玩游戏，但父母没有了解他便加以指责，令他的脾气变得暴躁。伟强觉得即使向父母解释，他们也不会相信，故宁愿不说话。当他感到被父母或其他人误解时，他的情绪便立即变得激动，甚至破口大骂，令他与父母和朋友的关系越来越差……

3．情绪魔法师（替代“四格漫画”）

教师发给学生情境表单，请学生以另一种想法来解释，进而产生正向情绪。

## 情境表单

1. 怀疑

小琳和小雅在交头接耳，不时看我一眼，指指点点。“他们是不是在说我坏话？

换个想法：“问问就知道他们在说啥了！”，于是我鼓起勇气跑去问他们，才知道他们觉得我和新来的数学老师长得很像，害我白担心一场。

2. 羡慕

小真家真有钱，要什么就可以买什么，而且每年寒暑假，她们全家都会出国。“她的命好好啊！假如我是她那该有多好呀！”

换个想法：其实小雨也蛮羡慕我妈妈做的菜好吃，羡慕我爸爸会跟我说笑，再说，中国有那么多好玩的地方，何必一定要出国呢！

3. 忌妒

小嘉在班上很受男生欢迎，下课时总是有一堆男生喜欢围着她，“她真三八，老爱装可爱勾引男生。”

换个想法：________________________

4. 愤怒

接力比赛时，隔壁班犯规，裁判没有看见，我们跑去报告，裁判却不理我们。“气死我了！真是不公平！”

换个想法：________________________

5. 害怕

事件：________________________

原先想法：________________________

换个想法：________________________

6. 失落

事件：________________________

原先想法：________________________

换个想法：________________________

7. 紧张

事件：________________________

原先想法：________________________

换个想法：________________________

8. ____________

事件：________________________________________________

原先想法：____________________________________________

换个想法：____________________________________________

## 四、补充活动：

**自我检视表：我常常这样想**.

### 【事件一】

在教室的走廊上被擦身而过的小A瞪一眼。

1. 哼！看我不顺眼？
2. 这种人少惹为妙，挺可怕的。
3. 大概他心情不好吧！
4. 其它________________________

### 【事件二】

遭遇挫折或失败。

1. 没希望了，我永远不可能成功。
2. 哼！这全是他的错。
3. 一个人不可能每次都胜利，我下次一定可以比这次做得好。
4. 其它________________________

### 【事件三】

与小A约好放学后在校门口见面一起回家，结果小A爽约不到。

1. 会不会因为什么事情不小心忘记了，或是耽搁了呢？
2. 和人约好时间应该准时到达才对，不能准时到又不事先通知我，什么意思嘛！把我当成什么了？
3. 他怎么还不来呢？是不是我做错了什么，他不愿跟我交朋友了。
4. 其它________________________

### 【事件四】

课堂上被老师点到回答问题，却答不出来。

1. 我根本不会，这下子丢脸了。

2. 倒霉透了！我不能忍受在众人面前出丑，我会被大家看轻。

3. 其它________________________

**【事件五】**

参加考试，怕准备得不充分而对自己没信心。

1. 真紧张呀！第一题就不会做，完了！完了！

2. 好，我要小心应付了！别紧张，做个深呼吸，慢慢来，别急！先看别的题。

3. 其它________________________

# 第九章

# 做乐观的自己

## 【教学背景】

**1. 乐观是一种优点吗？**

“同学总是说我太悲观，凡事爱往坏的方向想。但是，从小妈妈就告诉我，要居安思危、未雨绸缪、防患未然。我不认为这种小心谨慎、事先做好最坏打算的习惯是一个缺点，虽然我挺羡慕那些乐天派的，好像天塌下来都有高个子顶着，不知人间烦忧。”

有一个女生对我这样说。她在学校生活中表现优异，对自己有着苛刻的要求，也因此常常为还没有发生的事情担心，又常常为已经发生的事情懊悔。她自封为悲观主义者，但是似乎并不打算做出改变。

乐观，这个越来越被我们所重视的个性特点，究竟意味着什么呢？

它是一种优点吗？如果是这样，为什么在学校里，那些打不垮的乐天派，常常被评价为“缺心眼”？

它是天生的吗？那么是否意味着这是一份天赋的礼物，我们无法做出选择和改变？若是如此，强调这种个性是否意味着对没有得到这份礼物的人的不公平呢？

**2. 悲观是一种缺点吗?**

期中考试后的心理课上，我尝试和学生探讨“归因”的话题。在班级之间发现一件有意思的事情。在整体成绩较好的班级，学生更多地把考试的成功归因于题目简单、好运气或者自己的努力，而把考试的失利归因于自己的能力；而在那些整体成绩较差的班级，学生却更习惯于把成功归因于自己的能力，而把失败归因于自己的运气。

这是否说明，成绩较差的班级的学生更加乐观呢？或者这种乐观是一种失败之后的自我保护？还是说这种乐观要为他们学业上的不够努力负部分责任呢?

而成绩较好的班级表现出的倾向悲观的归因方式，在意味着他们对自己有更高要求、让他们承受更多压力的同时，是否也对他们的好成绩做出了积极贡献呢?

这些问题让我深感困扰。看来，对于乐观或者悲观，我都了解得太少。

**3. 塞利格曼：习得的弹性乐观**

感谢塞利格曼的《学习乐观》，让我有机会比较系统地思考这个问题。作为一名认知主义者，塞利格曼教授在归因（解释风格）、理性情绪疗法等理论基础上，重新梳理了对“乐观”的理解。他认为乐观是一种解释风格，而不是一种普遍的人格特质；同时，乐观对人的健康、成就都有积极的影响，但也可能导致不切实际和低责任感。因此，我们需要选择的是一种弹性的乐观。乐观作为一种技术，是可以学习的（后天学习的乐观甚至好于天生的乐观），它给我们走出恶劣心境提供了积极的选择。

这节课就是基于这样的理解设计而成的。课程的理论框架基本上来源于《学习乐观》一书，只是将具体内容以活动的形式串起来，使其更适合中学生团体学习。因为课程容量较大，建议分 2-3 个课时完成（以下是 2 课时完成的设计）。

# 【教学设计】

## 第一课时：你对自己说什么？

### 教学目标

(1) 发现对事件的不同解释带来的不同影响。

(2) 了解悲观型解释风格和乐观型解释风格的不同特点。

(3) 探索自己的解释风格。

### 教学对象

高中学生

# 【教学过程】

### （一）热身游戏：动物园合唱曲

**1. 引入：**

你听过小猫叫吗？小狗呢？老鼠呢？猴子呢？……今天，我们先来玩一个游戏吧！请你来扮演某一种动物，并模仿它们的叫声。你的姓氏将决定你要学的动物是什么！

**2. 说明游戏规则**

(1) 扮演什么动物？

| 你姓氏汉语拼音的第一字母 | 动物名称 |
|---|---|
| A-F | 狮子 |
| G-L | 海豹 |
| M-R | 猩猩 |

S-Z 热带鸟

（2）和谁搭档？

找到和你座位距离最远的一位同学，作为你的伙伴。

（3）怎么做？

彼此盯着看，目光不能转移，同时用嘴大声学自己扮演的动物叫，至少 10 秒钟。

**3. 学生游戏**

**4. 分享感受：**

（1）游戏中，你的感觉如何？有什么困难吗？

生 1：太挑战了，我从来没有听到过海豹叫！

生 2：好好玩！老师你该听听他是怎么学猩猩叫的！笑死我了！

生 3（模仿猩猩叫）：我也没有听过猩猩叫啊，所以就随便叫了，哈哈！

1）你是怎么看待游戏规则的？你的看法影响到你的表现了吗？

生 1：我觉得比较尴尬的是要和我座位距离最远的同学搭档，我们好像平时没有怎么说过话哦！

生 2：这只是一个游戏嘛，当我听到教室里此起彼伏的怪叫时，就不会在乎你的形象了！

**5. 教师引入课题：**

也许你已经发现，在游戏之前，“你对自己说了什么”在不知不觉中影响到了你参加游戏的心情以及状态！如果你想“这很好玩”，你也许会兴奋、轻松地参加游戏，你的幽默感也会激发你的创造力；如果你想“这太尴尬了”，你也许就会觉得放不开手脚、叫不出声音了。这就是我们今天想要探讨的现象——你对自己说什么？（出示课题：你对自己说什么？）

## （二）活动：场景－反应测验

**1. 教师引入：**

接下来我们来做一个场景－反应测验，我将出示一个场景，请你说出你想到的第一个情绪反应。如：做游戏——开心；被爸爸妈妈骂——沮丧。

**2. 以下场景会让你联想到什么呢？请大声说出你的答案。**

(1) 被汽车溅了一身水。

(2) 当众放了个响屁。

(3) 寒冷的冬夜，朋友迟到半小时。

(4) 得到班主任的赞美。

(5) 独自走黑暗的甬道。

(6) 第一次在全校师生前面发表演讲。

(7) 一个你讨厌的人当众炫耀自己。

……

**3. 测验的分享与讨论：**

(1) 你发现，大家的情绪反应一样吗？（基本上每一个情境都会出现不一样的情绪反应。）那么，是什么在起作用呢？我来采访一下。

师："得到班主任的赞美"——我听到大部分声音是"开心"，这个我理解，那怎么有人觉得"怕怕"呢？

生：我觉得接下来他肯定会说"但是……"，在接下来就是一顿批了。

师：还有人觉得"奇怪"？

生：是很奇怪嘛，我没听过班主任赞美过我呀，我会揣测他居心何在……

……

(2) 大家有没有发现，让我们产生不一样的情绪反应的是什么呢？

生：对事件的看法、解释。

师：是的，如果场景是 A(activating event)，反应是 C（consequence），那么 A 和 C 中间还藏着一个常常被我们忽略的 B（belief），也就是对场景事件的解释。那你常常会往哪个方向解释你遇到的每一件事情呢？你对事件的解释风格，也许就决定了你是一个乐观派，还是悲观者。

### （三）发现解释风格的影响

**1. 从言语看性格：谁更乐观？**

小晴和小旭，即使遇到同一件事，也常常会有不一样的解释。请根据他们的解释，来推断他们遇到的事情是什么、以及这种解释带来的影响是什么？同时，请你推断，根据他们对事情不一样的解释，谁更乐观？

（1）分组，明确规则。

- 组一：推断小晴、小旭言语背后的具体事件；
- 组二：推断小晴的情绪行为和在此基础上事件的后续发展；
- 组三：推断小旭的情绪行为和在此基础上事件的后续发展。
- 组四：评价小晴和小旭谁更乐观，并说明他们的解释风格分别有什么特点。
- 在每组发言后，其他组成员亦可进行观点的补充或者反驳。

（2）用 PPT 或者海报成对出示小晴和小旭的“解释”，并展开讨论。

| 编号 | A（事件） | | B（解释） | C（后果） | 解释风格 |
|---|---|---|---|---|---|
| 1 | | 小晴 | 老妈是个蛮不讲理的人。 | | |
| | | 小旭 | 老妈今天心情不好。 | | |

组一代表：他们遇到的事情可能是和妈妈吵架了，或者妈妈责怪他某件事没有做好。

组二代表：小晴觉得妈妈是个蛮不讲理的人，所以他可能觉得和妈妈没有什么好说的，他很生气也很无奈，于是就不说话了，保持冷战。后来妈妈可能越来越生气，两个人更加无法沟通。

组三代表：小旭把妈妈生气理解为今天她心情不好，而每个人都会有心情不好的时候，所以他可能会比较体谅妈妈的唠叨，可能会撒撒娇或者说两句好话哄哄她，或者装着听她唠叨就是了。后来妈妈的火气可能也就消了。

组四代表：我们认为小旭更乐观，因为他看起来心情更好一点，并且让事情往好的方向发展了。小晴把妈妈生气的原因解释为妈妈的性格问题，看成是不能改变的，只有自认倒霉、放弃努力；而小旭把妈妈生气解释为暂时的心情不好，是会过去的，所以他就能够比较好地控制自己的反应。

老师根据学生发言在PPT或者海报上归纳填写：

| 编号 | A（事件） | | B（解释） | C（后果） | 乐观？ | 解释风格 |
|---|---|---|---|---|---|---|
| 1 | 和妈妈吵架 | 小晴 | 老妈是个蛮不讲理的人。 | 生气、无奈；冷战，无法沟通 | | 永久的 |
| | | 小旭 | 老妈今天心情不好。 | 平静、体谅； | ✓ | 暂时的 |

……

（讨论过程略）

| 编号 | A（事件） | | B（解释） | C（后果） | 谁更乐观？ | 解释风格 |
|---|---|---|---|---|---|---|
| 1 | 和妈妈吵架。 | 小晴 | 老妈是个蛮不讲理的人。 | 生气、无奈；冷战，无法沟通。 | | 永久的 |
| | | 小旭 | 老妈今天心情不好。 | 平静、体谅；帮妈妈消气。 | ✓ | 暂时的 |
| 2 | 中奖。 | 小晴 | 我今天运气很好。 | 庆幸；开心一天。 | | 暂时的 |
| | | 小旭 | 我的运气总是很好。 | 更长时间地开心；对未来充满信心。 | ✓ | 永久的 |
| 3 | 被李老师不公平对待。 | 小晴 | 所有的老师都不公平。 | 怨恨；对所有老师产生敌意。 | | 普遍的 |
| | | 小旭 | 李老师很不公平。 | 生气；讨厌李老师，但是对其他老师没意见。 | ✓ | 特定的 |
| 4 | 数学考得好成绩。 | 小晴 | 我的数学很好。 | 对数学有信心和把握。 | | 特定的 |
| | | 小旭 | 我很聪明。 | 对所有事情都感到信心满满。 | ✓ | 普遍的 |

（续表）

| 编号 | A（事件） | | B（解释） | C（后果） | 谁更乐观？ | 解释风格 |
|---|---|---|---|---|---|---|
| 5 | 两人相撞。 | 小晴 | 都是我的错。 | 充满自责和愧疚；可能会弥补错误。 | | 内在的 |
| | | 小旭 | 都是你不好。 | 责怪他人，自我感觉良好。 | ✓ | 外在的 |
| 6 | 比赛获胜。 | 小晴 | 完全是运气。 | 不确定好运是否一直相伴；谦虚。 | | 外在化 |
| | | 小旭 | 我善于利用好运气。 | 喜欢自己，自我感觉良好。 | ✓ | 内在化 |

**2. 思考和讨论：**

(1) 乐观的人和悲观的人，对事件作出的解释分别有什么特点？

(2) 乐观或者悲观带来的影响有什么不一样吗？

(3) 乐观是否一定是好的？什么时候我们需要乐观？

**3. 教师引导和讲解：**

（1）解释形态的三个向度：

- 永久性（时间向度）：永久的 Vs 暂时的
  - ➢ 对待坏事情上，乐观的人相信坏事是暂时的，因此可以抵制无助感；悲观的人相信发生在自己身上的坏事霉运是永久的，所以容易放弃；
  - ➢ 对待好事情上，乐观的人把好运看成永久的原因，如性格、能力、“永远会如此”等等；悲观的人把好运看成暂时的原因：脾气的关系、努力、“偶尔如此”等等。
- 普遍性（空间向度）：特定的 Vs 普遍的
  - ➢ 对待失败，乐观的人会把失败看成特定的事件，在这件事上他感到无助，但是在生活的其他层面，他还是继续前进；悲观的人把失败看成普遍的，容易把一件事情上遭受的挫败感扩大到生活的其他方面。
  - ➢ 对待好运，乐观的人会认为好的事情会加强他对所做每一件事情的信心（普遍的）；而悲观的人则认为好的事情的发生是由于特定的原因。

- 个别性：内在的 Vs 外在的
  - ➢ 当不好的事情发生的时候，我们可以怪罪自己（内在化），也可能怪罪旁人或者环境（外在化）。总是怪罪自己的人自视很低，认为自己很差劲，而怪罪旁人的人比较不容易失去自尊，比前者喜欢自己。
  - ➢ 当好事情发生的时候，把原因归结为自己的人会比较喜欢自己，甚于那些认为好运是别人或者环境带来的人。

（2）乐观或者悲观的影响：

- 乐观是抵抗疾病的第一道防线。乐观的人寿命更长，赛利格曼测试了 70 个心脏病人，17 个被测试为最悲观的病人中，有 16 个没有经受住第二次心脏病发作而去世了，而 19 个被测试为最乐观的人中，只有一个人被第二次心脏病的发作夺去了生命。
- 乐观的人更容易获得成就。研究表明，具有乐观性格的人在保险公司销售人员中，往往是销售业绩冠军。
- 乐观的人很少抑郁。乐观的小学生将来很少得抑郁症，走向社会后，在工作成绩和社会地位方面均超过悲观的人。
- 但是，盲目的乐观可能带来的问题是会沉浸于美好的幻境，而悲观也并非一无是处，悲观的人可能更有责任感。
- 我们要学习乐观，是因为可以给我们提供多一种理性的选择。而不是成为乐观主义或者悲观主义控制的奴隶。

### （四）拓展作业：发现自己的 ABC

师：要学习乐观，首先需要发现自己的解释风格。也就是在 A 和 C 之间的 B。ABC 在我们生活中时时刻刻都在运作，我们可以写日记，把每天发生的事情记录下来。

**1. 呈现例子：**

（1）A（事件）：我向朋友小鱼借了她珍藏的漫画书，结果却把饮料撒在了封面上。

(2) B（念头）：我真是个不负责任的人，这是小鱼最心爱的漫画书，而且市面上已经买不到了，我偏偏把它弄脏了。像小鱼这样爱干净的人，她一定会气死，以后不理我了。如果我是她，我也会气死，我简直不能相信自己会这么差劲。如果她说要和我断交，我也不会惊讶的。

(3) C（后果）：我觉得非常难过，感到羞耻、难堪，我不敢打电话告诉她这件事，我只是坐在那里，骂自己笨。

**2. 结合例子解释ABC日记的记录方法：**

- 第一是需要你注意你平时没有发现的、你对自己讲的话。你注意一下一些小事情跟它引起的感觉，例如，你在电话中和朋友聊天，他好像等不及要挂掉（一种不愉快的小经验），你发现你自己后来心情很不好（引起感觉的后果）。这就是你可以登记的事件。
- 你的记录有三个部分。第一个部分是“不愉快事件”，几乎可以是任何事情——被父母唠叨、考试没考好、答不出问题、朋友忽视你……尽量保持客观地记录下实际的情况，而不是你对事件的评价（比如老师批评了你，你应该记录的是“老师对你做的事情感到生气”，而不是记录“老师不公平”，因为后者是一个推论，属于第二部分“念头”的范畴。）
- 你的“念头”是指你对不愉快事件的解释。请注意把你的想法和你的感觉分开（感觉属于第三部分“后果”）。“我觉得自己很无能”这是念头，但是“我觉得很悲哀”是感觉，我们可以评估“无能”这个念头是否正确，但是却不能说“悲哀”是否正确——如果你觉得悲哀，你就是悲哀。
- “后果”这个部分是记录你的感觉和你的行为。你觉得悲哀、快乐、罪恶感、或者是什么？大多数时候你的感觉会不只一种，写下你所有的感觉以及你的所作所为。你后来觉得怎样？“我觉得很疲倦”、

"我打算要他道歉"等，都是后果的行为。

**3. 布置任务：**

请在接下来一周里记录发生在你生活中的五件 ABC！

- 不愉快的事件：______________________________
- 念头：______________________________
- 后果：______________________________

## 第二课时：与自我辩论

### 教学目标

学会运用认知挑战技术对悲观的解释风格发出挑战，建立乐观的态度。

### 教学过程

#### （一）分享记录：ABC 角色游戏

**1. 说明要求：**

(1) 四人一组，在组内交流 ABC 记录。选取一个记录，向大家做角色扮演的展示。

(2) 每个成员或多或少参与角色游戏。表演出当事人遇到的一个情景，以及当事人的自我对话以及情绪行为反应。

举例：

- A（情境）：成员一扮演主人公小晴，成员二扮演小旭。小晴约小旭一起去逛书城，结果等了小旭半个小时还没来，而且打不通他电话。
- B（念头）：成员三站在小晴的后边轻声地对观众述说她内心的念头，或者在大开纸上展示她的自我对话。
- C（后果）：成员四站在小晴旁边模仿小晴正在体验到的情绪，以及接下来采取的行为。

**2. 学生分组活动，然后选取 2 ~ 3 组学生到台前表演。**

**3. 分享讨论：**

生活中还有哪些情景会让我们感觉到不愉快？比如紧张、担忧、愤怒、忧郁、不安等……

教师板书：考试、家庭问题、与朋友不和……

教师总结分享：我们不能改变事件，但是我们却能改变我们对事件的解释，进而改变我们的感受和反应。这其实就是乐观的技巧。但是要改变我们的思考、感受和行为的方式并非易事。因为我们的思维、情感和行为是多年学习的结果并受到自己和周围亲朋好友的不断强化。所以，在必要的时候，我们需要对我们原有的思维方式、解释风格提出挑战，与自我进行一场辩论才行！

## （二）思维法庭：与自己对话

**1. 解释规则：**

现在，我们来模拟一个思维法庭的游戏。这个法庭里的对话常常就出现在我们的头脑里。

- 红色卡片（有两面，一面是哭脸，一面是笑脸）代表与情绪和行为直接关联的“情绪的我”，他是直接的、可能有些冲动。但他是可以改变的，他可以从哭到笑、从悲观到乐观。当然，这需要另一个“我”的帮助。
- 绿色卡片代表的是我们内心的“理性的我”（有两面，一面是写着“质疑”，一面写着“反驳”），他是冷静的、理智的，他常常会对“情绪的我”的不合理念头提出质疑、反驳，“质疑”是“情绪的我”意识到自己的解释中存在的问题，“反驳”是重新解释事情，让“我的情绪”变得积极起来。

2. 举例：让我们看看思维法庭是怎么工作的吧！

（可以是老师利用卡片一人分饰两角色进行表演，也可以事先排练小品呈现。）

- 不愉快事件：今天数学老师当着全班同学的面骂我，全班每一个人都在笑。
- 红色卡片（哭脸）：

念头：数学老师肯定很讨厌我，认为我笨，现在全班每一人都觉得我是一个笑话。

后果（感受和行为）：我觉得非常尴尬和难过，真希望能找个地洞钻下去。

- 绿色卡片

质疑：你凭什么说老师一定很讨厌你、认为你笨呢？同学们笑就一定是嘲笑吗？有没有其他的可能吗？

反驳：数学老师骂你并不代表他讨厌你，因为他几乎每个人都骂。他的脾气本来就比较暴躁，而且你确实在数学课上走神了，也难怪他会生气。你们班几乎每个人都被他骂过，所以我想大家很快就会忘记这件事情的，并不会认为你很讨厌或者可笑。

- 红色卡片（笑脸）：

被老师骂还是让我觉得有点难过和尴尬，但是没那么厉害了，我想没什么大不了的了。

**3. 说明：质疑和反驳的区别**

提问：从这个例子里，你能发现“理性的我”的两面——质疑和反驳，有什么区别吗？

引导：质疑是以提问的方式提出，有利的提问方式有：

- 证据？（你这样想有什么证据吗？你是不是在夸张？）
- 其他可能性？（是不是一定如此？还有没有其他可能性？）
- 那意味着什么？（这对你意味着什么？你是不是希望自己完美无缺？）
- 用处？（你现在这样的想法对事情是否有帮助？你这样想的优缺点是什么？有没有其他更好的想法？）

**4. 学生分组演练**

（1）两人或者四人一组，抽取情境；进行演练。

（2）情境：

- 情境一：今天上体育课的时候，体育老师挑了两位同学组A、B两队，两队的队长李磊、张斌，然后叫我们一字排开，由这两位队长挑选他的队员，我是倒数第三个被选到的。
- 情境二：昨天是弟弟的生日，爸爸妈妈给他买了很多玩具，还有一个大蛋糕，他们连看也没有看我一眼。
- 情境三：这次考试，我又比同桌低了1分，上学期我们成绩都差不多的，但现在我已经连续第三次比他考得低了。

（3）学生表演展示。

- 不愉快事件：今天上体育课的时候，体育老师挑了两位同学组建A、B两队，两队的队长李磊、张斌，然后叫我们一字排开，由这两位队长挑选他的队员，我是倒数第三个被选到的。
- 红色卡片（哭脸）：李磊和张斌都讨厌我，他们不要我在他们的队里。现在全班每一个人都会认为我是很笨的人，也不会有人要我加入他的队了。我真是个没有体育细胞的人，难怪从来没有人愿意跟我玩。（后果：我觉得自己很笨，差一点要哭出来，但是我知道如果我哭的话，每个人会更加嘲笑我。所以我一个人站着，祈祷球不要到我这边来。）
- 绿色卡片（质疑）：你这样想对事情有什么帮助吗？有没有其他更好的想法？体育不好就代表你一无是处吗？你是不是在希望自己完美无缺？
- 绿色卡片（反驳）：你的确在运动上很不行，但是说自己很烂只能够使得事情更加糟糕而已。你虽然体育很不行，但是你在其他方面很行啊！每次老师说要分组讨论或者做报告的时候，大家都抢着和你一组。上次你的小论文还得了第一名。李磊和张斌也不见得是真的讨厌你，他们只是要挑会踢球的人而已，不见得是对你有意见。人各有志，有的人运动好，有的人功课好，你的语文、数学和科学都不错，就是体育差一点。

- 红色卡片（笑脸）：这样对自己说让我觉得好过多了。我还是很希望我样样都好，我也很不愿意是最后一个被挑到的，但是我至少知道有很多时候自己是排在前面的。而且张斌和李磊也不讨厌我。

**(4) 学生分享感受：**

- 在思维法庭里进行辩论的时候遇到什么困难了吗？
- “情绪的我”体会前后两种不一样的情绪变化，最大的感受是什么？
- “理性的我”在进行质疑和反驳时，有什么心得吗？

## （三）自我练习

师：有人把这种通过自我辩论击败自己的消极念头和情绪，建立起积极的情绪的过程称为 ABCDE，ABC 就是我们上节课说的事件、解释、后果，D 是反驳，E 是激励。我们在思维法庭里体验的质疑过程，可以成为你反驳这个环节的思维依据。现在，就让我们把这种技术应用到我们生活中吧。

**1. 呈现例子：**

- A：今天数学老师当着全班同学的面骂我，全班每一个人都在笑。
- B：数学老师肯定很讨厌我，认为我笨，现在全班每一人都觉得我是一个笑话。
- C：我觉得非常尴尬和难过，真希望能找个地洞钻下去。
- D：数学老师骂你并不代表他讨厌你，因为他几乎每个人都骂。他的脾气本来就比较暴躁，而且你确实在数学课上走神了，也难怪他会生气。你们班几乎每个人都被他骂过，所以我想大家很快就会忘记这件事情的，并不会认为你很讨厌或者可笑。
- E：被老师骂还是让我觉得有点难过和尴尬，但是没那么厉害了，我想没什么大不了的了。

**2. 自我练习**

学生根据上周自己记录的事件，进行D（反驳）和E（激励）的自我练习。在练习中遇到困难的同学可以申请搭档，重复前一环节思维法庭的扮演游戏，通过他人的提示来完成反驳。

**3. 学生自愿进行分享，展示自我辩驳和激励的过程。**

### （四）结束

**1. 提问：**

通过这两节课的学习，你能够告诉我，如果你不是一个天生的乐观派，你可以怎样变得乐观了吗？

**2. 教师总结：**

在情绪ABC理论中我们可以看到，其实情绪和行动并不一定直接跟随着不愉快的事件，它们是直接来自你对不愉快的事件的解释和想法的。这说明如果你改变了你对不愉快事件的解释，你就能够更好地应对挫折。

改变你对不愉快事件的解释的最主要工具是反驳。从现在起，就可以练习你自动化的解释。当你发现你心情不好、焦虑、沮丧、或者生气的时候，你就问问自己：你对自己说了什么？有时候你的想法是对的，在这种情况下，专心去思考你怎么做可以改变情境,防止事情恶化。但是很多时候你的负面想法是扭曲、不正确的，这时候就要对它提出挑战，不要让它控制了你的生活。如果你养成了对你的负面念头进行反驳的习惯，你每天的生活一定会快乐很多了！

## 【教学反思】

本课的理论基础非常成熟，因此在设计上的主要工作就是教学形式的选择和创新。

在教学形式上，第一课时的热身游戏、情景－反应测验较好地唤起了学生的参与热情。而关于解释风格的主题活动则采用分组任务、接龙回答的形式，一定程度上使得情绪 A、B、C 的分析不至于太过枯燥无味。但是，关于悲观型解释风格和乐观型解释风格的特点，依然出现了较大的分歧。在课后的调整中，教师最好事先对何为悲观、何为乐观做一个讨论和定义，这将方便学生讨论分析的进行。

而第二课时的活动以角色扮演为主。一开始，以角色扮演的形式回顾分享了前一节课的情绪 ABC，较为生动形象地突出了 B（信念、解释）和 C（情绪、行为反应）之间的联系过程。而认知挑战技术的学习则以“思维法庭”的形式进行。两大组同学分别扮演“情绪的我”和“理性的我”展开辩论，使得思维内部的反驳过程以外显的方式呈现出来，方便了学生的理解和学习，取得了较好的效果。

但是，分组活动的局限性表现为对个别学生的指导不足。学生原有的解释风格、对反驳技术的学习都有较大的差异，需要教师在教学过程中进行巡视观察、及时进行帮助和指导。

## 【教学建议】

1. 本课的内容其实是对归因方式和理性情绪疗法两个教学内容的整合，整体上带有较强的思辨性质，不仅需要学生具备一定的思辨能力，也需要在形式和案例上尽可能激发学生的学习兴趣，增加学习过程的趣味性。
2. 补充活动：测试你自己有多乐观

完整版的“测试你自己有多乐观”见塞利格曼《学习乐观》第 40-46 页，该测试共有 48 个题目，建议教师可以选择其中适合中学生的题目，或者改写其题目使其适合中学生。

其摘录版本见“教学资源”。

## 【教学资源】

1. 思维法庭：角色扮演卡片

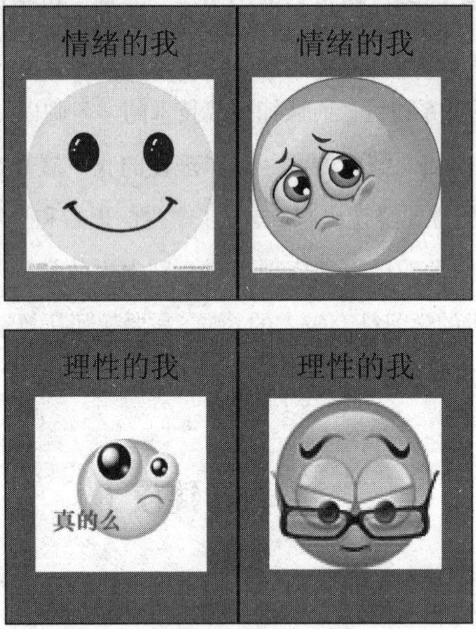

# 第十章

# 快乐相随

## 【教学背景】

在某次对一群焦虑的学生进行辅导时，我帮助他们体验和学习想象放松。在学生已经舒服地坐好、并学习了深呼吸的方法之后，我指导学生“想象一个自己快乐舒适的场景，尽量看到它。”这时，学生向我反馈：我没有！我想象不到！

想象不到？！这让我非常惊讶。

是没有快乐的时光吗？不是。是他们没有感觉到快乐的时光吗？也不是。让学生相互交流时，他们可以讲出许多让自己快乐的事：外出旅游、和同学一起玩、做出一道难题、收到想要的礼物、吃到好吃的东西……等等。

只是他们没有记下这些快乐时光。让他们回忆出当时的场景、当时的语言、当时的举动，都需要耗费一些时间，才能完成。这只能说明，他们不是不快乐，而是没有记忆和珍藏这些快乐。

难怪，当学习和生活中的那些负面事件扑面而来的时候，学生们很难抽身而退，理性思考。他们被那些负面情绪包围和压抑着，以至于无法看到一点点生活中的快乐和希望！他们也想让自己感觉好一点，让自己看到希望，让自己能够提取快乐，对抗不快乐，但往往无法让自己与那些快乐的瞬间建立起联结。

一直以来，我们都是采用认知调整的方式，帮助学生调整自己的认知，从而改变感受。可是，那是一种需要长时间训练才能有效的方法。那么，除了认知调整之外，还有哪些方法能让学生感觉到快乐、保持快乐、让自己身处在一种快乐情绪的良性循环中？

心理学家沙赫特提出的情感二因素论认为：情绪体验依赖于生理唤起和认知标记。也就是说，除了通过依赖大脑皮层、杏仁核、海马体等带来的理性思维，转变对事物的看法，"变得"快乐以外，还可以通过生理的唤醒，让人感觉到快乐。而这种生理的唤醒，可以在实际行动中实现，也可以通过对过去场景的想象和回顾来实现。

积极心理学领军人物、心理学家芭芭拉·弗雷德里克森也认为："消极情绪有时候叫嚷得比积极情绪响得多。它可以迅速地把你拉上一个恶性循环，把你和你对未来的展望都削弱了。为了修正航线朝向积极情绪，比起对于那些引发你积极情绪的事物进行的少量而模糊的回忆，你需要更多。"因此，她建议每个人经常回顾那些引发自己积极情绪的事物，提醒自己生活中好的方面，从而为个体注入活力，并自己找回通向积极情绪的良性循环的道路。

因此，虽然让学生快乐的方法有许多，但这节课的辅导重点聚焦为：感受快乐情绪的感染力，唤醒学生对日常生活中快乐时光的回顾，并制作快乐清单、快乐记录卡，整理自己的快乐时光，建立起积极的情绪链接。

## 【教学设计】

### 教学目标

(1) 分享生活中的快乐事件，体验快乐情绪的感染力；

(2) 通过制作快乐清单和快乐记录卡，记录和保持快乐的情绪。

## 教学对象

初中学生

## 教学准备

1、教师准备：

快乐问答卡、快乐记录卡、歌曲《欢乐颂》、班得瑞轻音乐等；

2、学生准备：

自己最开心的一件事的纪念物。

## 教学过程

### （一）热身活动：快乐我感受（播放歌曲《快乐颂》）

师：同学们，听到这首歌的感觉怎么样？

师：歌词中唱到："快乐其实没有什么道理"、"快乐是很容易的东西"。看来，一首轻快的歌曲就能带动出我们快乐的情绪。

### （二）快乐我回答

活动要求：请同学抽取快乐卡片，按照卡片上的内容回答问题或者表演

- 讲一讲你觉得自己做得最好的事情。
- 深呼吸 3 次。
- 讲一个笑话。
- 拥抱一下你喜欢的人。
- 今年你最希望得到什么？（可以说出 3 个愿望）
- 哪件事，你努力了，终于有点成效？
- 说一说今年和父母一起做过的事。
- 你心目中的快乐生活是什么样子？

- 今天的早餐/午餐是什么？你满意吗？
- 大声地唱一首歌。
- 大笑6声。

师：同学们回答快乐卡片上的问题或者表演快乐卡片上的要求时，你看到了什么？你感觉到开心吗？

师讲述：很多活动能给我们带来快乐，而且，快乐是可以相互感染的！

- 开怀大笑的魅力：愈来愈多的科学研究证实，大笑能改善人的心情，即使是强迫的，也有同样的效果。
- 快走或跳个有氧舞蹈：科学家早就发现，运动能纾缓郁闷，改善心情，1999年的《内科医学文献》早已证实，运动和治疗有一样的效果，因为它能刺激神经传导物质的分泌，像是脑内啡、血清素和多巴胺。
- 大声地唱，用力地摇摆：有研究证实，听音乐能刺激脑部分泌脑内啡。英国曼彻斯特大学最新发现，听大声的音乐能活化部份的内耳球囊，它们连接与愉快感觉有关的脑部组织。美国哲学家威廉．詹姆士也说：我们不是因为快乐而唱歌，而是唱歌使我们快乐。

### （三）快乐我回顾

师：在同学们回答快乐卡片上的问题或者表演快乐卡片上的要求时，你想到了什么？是否想到了自己生活中的快乐时光呢？

让我们把自己生活中的快乐时光也进行回顾吧。无论是小时候的，还是现在的；无论是大大的，还是小小的；无论是长长的，还是瞬间的，都做个简单的回顾和记录吧。

（播放轻音乐，学生填写“快乐清单”）

**快乐清单**

- ______________________________
- ______________________________
- ______________________________
- ______________________________
- ______________________________
- ______________________________
- ______________________________
- ______________________________
- ______________________________
- ______________________________

**4. 快乐细回味**

师：写下这些事件的时候，你的脑海里有没有重新浮现出那一刻？

现在让我们选取一个事件，进行仔细的回味吧。请闭上眼睛，跟随着我的指导语，做一次快乐场景的回顾吧。

（指导语：在这个练习中，你将运用想象回到快乐的场景，启动快乐的感觉。想想那个曾经你非常快乐的场景。想象你就站在那些场景面前，看到了你自己。注意一下你当时穿什么衣服，站着还是坐着？周围的场景是什么样的？是在家里、学校、餐厅还是操场？周围布置了些什么？现在想象一下，从你的眼睛里，你看到了什么，听到了什么？谁在你面前说话？你看见了谁的表情？你的表情是什么样的？你说了什么？做了什么？你能清晰地听见吗？好，这时你的感觉是什么？保持这种感觉，你觉得自己的嘴角轻轻地上扬，心中充满了欢愉，手脚也轻松了。）

接下来，我们要把这件让我们快乐的事，做一个快乐记录卡哦

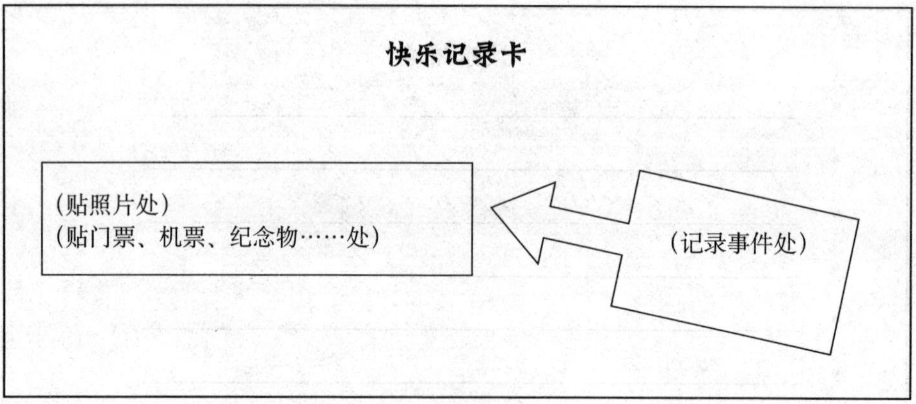


师：现在，让我们交流一下吧。

生 1：我想交流的是我第一次坐飞机旅行的经历。（出示一张机票）我记得那是和爸爸妈妈一起去旅行，那也是我第一次坐飞机。我当时非常激动、非常紧张。飞机起飞的时候我牢牢地抓着椅背，生怕自己跌下去！我的嘴里还嚼着口香糖，既想防止耳鸣，又生怕自己不小心吞下去。当时妈妈在我身边一直微笑地看着我。现在想起来，我都觉得很想笑。（自己笑起来）乘飞机，其实没那么可怕啦！

生 2：我印象中快乐的事是到舞台上表演萨克斯。（出示一张照片）那是学校的一场演出。虽然不是正式比赛，但我还是很希望能在老师和同学面前表现得更好一些。因此，妈妈特意帮我买了燕尾服、爸爸帮我调试好萨克斯。那天表演的时候，我很神气呢！我看到了同学们羡慕的目光、还看到了老师全神贯注欣赏的样子，我知道，那次表演我很成功的！

生 3：我印象中快乐的瞬间就是想出一切办法解决一个难题的时候。（出示一副漫画）大家可以想想：当你绞尽脑汁、百思不得其解、生不如死地想一道难题的时候，突然不晓得什么地方灵光乍现，一下子解出来了，那种感觉？！是不是很开心，很想大叫大笑呀？！（同学齐声笑）

生 4：生 3 的话让我特别有同感，我觉得快乐的瞬间就是付出了许多努力之后取得了一些进步的时候。

生 5：有时候，我觉得安安静静地坐着，也蛮开心的。（出示一张图片）我就喜欢在这样的情境中坐着看书或者和好朋友聊聊天，也蛮开心的。

……

师：大家都交流了许多让自己开心快乐的时光。我听的时候也同样感觉到了开心、快乐，大家看着自己的这张记录卡，是不是也重新体验到了这种快乐呢？

建议大家把这张快乐记录卡随身携带，放在自己的文具盒里、作业袋里、书包里，在自己遇到烦闷和苦恼的时候，拿出来看一看、想一想，重新回顾那份快乐，让快乐永相随！

## 【教学反思】

整堂课的目的清晰，紧紧围绕着快乐情绪的体验和梳理，既有温馨快乐的回忆和交流，又有具体操作的记录和整理。整堂课流淌着快乐感性的气氛，也有理性实际的指导。

这节课中的“快乐问答卡”的设计改编自“斯宾塞牌”，又称为“走进孩子心灵的 12 张卡片”。设计这样的环节，充满了新奇感，极大地调动了学生参与活动的积极性。而快乐回答卡上，除了生活事件的回顾，也有具体的活动，实现了学生不喜欢回答问题，却喜欢表演的平衡，并在课堂上起到了良好的快乐情绪体验的作用。

“快乐记录卡”这个活动的设计受到“积极情绪档案袋”（详见“教学建议”的介绍）的启发，着重于指导学生如何制作、如何使用。从课堂氛围上来看，学生能够从自己制作的实物中有所感悟，达成了一定的效果。

如果在这节课后，教师和学生能够持续不断地更新和积累自己的快乐记录卡，那么，学生真的能够实现快乐情绪的良性循环！

## 【教学建议】

1. “快乐清单”活动可以用同龄人的快乐清单来代替，让学生看一看同龄人的快乐时光，更多地获得启发。同时，避免了“快乐清单”和“快乐记录卡”的多次书写活动。

例：深圳市某中学学生在心理课上写下的《中学生的快乐时光》

**中学生的快乐时光**

1. 读完一本自己很想读的书；
2. 一觉醒来发现刮台风不用上课；
3. 与家长一起看一部经典电影，并边看边评头论足；
4. 忽然想明白一件事情；
5. 以为下节课要考试，突然通知老师有事不能来；
6. 得到一份好朋友送的礼物；
7. 自己最差的一门功课竟在一次考试中得到第一名；
8. 一边洗澡一边唱歌；
9. 与一大群同学放学后，踏着夕阳一起有说有笑地返回；
10. 老师和同学对我微笑；
11. 打扫自己的房间并发现失踪已久的心爱之物；
12. 每月老爸老妈给零用钱时；
13. 在沮丧时突然接到好友的电话；
14. 自己喜欢的球队获胜；
15. 经过苦思冥想，终于做完了一道难题；
16. 上课昏昏欲睡时突然听到一声清脆的下课铃；
17. 见到自己家里栽养的花开或者长出新苗时；

18. 和好朋友坐在操场边一起海阔天空地聊天；

19. 打完一场激烈的球赛后，喝一瓶冰镇可乐；

20. 每次考试完了最后放下笔的那一刻。

——《中学生的快乐时光——心理课上的自述》，肖一帆

2. “快乐记录卡”活动，也可以用“快乐档案袋”代替，可详细参考教学资源中的“积极情绪档案袋”，在档案袋的内容、制作方法、使用等方面有更多的创造。

## 【教学资源】

### 收获欣欣向荣的生活

将那些在你和每一种积极情绪之间创造出由衷联系的事物和纪念品放到一起，装进一个档案袋——你所构建的一种物质集合，仿佛是一个个神龛，装着每种积极情绪的荫蔽。

档案袋中可以包含照片、信件、名言，或者对你而言带有深刻个人意义的物品。在把这些纪念品放到一起的过程中，你的目标并不是审视你的喜悦或是感激等等。你的目标是创建一个新的个人物品的集合，每当你与它们打交道时，都应该用积极情绪唤醒你心灵的个性化触发器。

你可以把你的档案袋放在一个简单的文件夹或者盒子里；如果你有艺术细胞，你可以建立一个小型的剪贴簿；如果你的电脑技术不错，你可以建立一个网页或是相册。如果你想要创建某个极其便携且无处不在的东西，你可以先创建一个物理的档案袋，然后将它的内容牢牢记住。

不管以什么形式，你的档案袋反映的是你心中的内部机制，你自己的积极情绪。当你这么做的时候，你对日常体验既获得了认知，也得到了掌控。

## 建立你自己的档案袋

为了把这个过程结构化，我将会指导你依次建立10种积极情绪的档案袋。对于每一种情绪，我会从提出一系列的问题来开始。当你回答这些问题的时候，自己记录下来。想到了哪些记忆和画面？找到最合适的照片、文字和物品来创建每一个档案袋。也许一首歌曲或者一段视频等能够唤起那种感觉，又或者是一种气味、口感或触觉。带着细心和创造性来组合，每一个都是你给自己的一份礼物。

为了建立你的喜悦档案袋，想一想：

当你觉得安全、轻松和喜悦，对于那一刻正在发生的事情感到绝对的高兴，是在什么时候？

当事情完全按照你的心意发展，甚至比你期待的还要好，是在什么时候？

当你感到脚步轻快、止不住地微笑或者有一道暖融融的光线照射在身上，是在什么时候？

当你觉得好玩，想要一跃而入并参与其中，是在什么时候？

为了建立你的感激档案袋，想一想：

当我觉得感激或感谢，深深地为某人或某事赞赏，是在什么时候？

你最珍惜的礼物是什么？当某人想方设法地为你做一些好事，是在什么时候？

当你因为自己是那么的幸运而心里美滋滋的，是在什么时候？

当你对善意有做出回报的冲动，是在什么时候？是什么激发了你想要创造性地进行报答？

为了整合你的宁静档案袋，想一想：

当你感到完全地平和与宁静，真正地对你自己觉得满意，是在什么时候？

当你感觉自己的生活是如何地舒心，是在什么时候？

当你的身体完全放松，全部的身体紧张都消失不见，是在什么时候？

当你休息并完全沉浸在其中，品味你感受到的美好，思考让这种感觉在你生活中多多出现的新方法，那是什么时候？

为了开始你的希望档案袋，想一想：

当你感到充满希望和乐观，受到一个美好结果的可能性的鼓舞，是在什么时候？

当你面临不确定性时，你对最坏的结果感到恐惧，却又在某种程度上仍然相信事情会往好的方向发展，是在什么时候？

当你真真切切地渴望某些更好的情况发生，是在什么时候？

当你发掘你的创造性去为一个更好的未来做出努力，是在什么时候？

为了开始你的自豪档案袋，想一想：

当你最为自己感到自豪，对自己的能力充满信心和自我肯定，是在什么时候？

你在什么时候做了一些值得称道的事情？通过你的努力成就了一些什么？

是什么令你昂首挺胸？是什么让你想要与别人分享你的好消息？

是什么吸引你去梦想你可能在未来取得的成就？

当你准备好设想和建设你的逗趣档案袋时，回顾一下：

是什么让你觉得犯傻和有趣？是什么把你逗乐了？

当你和其他人发现或激起了某种不可预见的些许幽默，是在什么时候？

是什么让你大笑？当你和其他人以抑制不住的笑声感染彼此，是在什么时候？

当你产生与其他人分享你的愉悦的冲动，并且也许在这个过程中建立起友谊，是在什么时候？

当你准备好开始建立你的激励档案袋时，想一想：

当你真正地感到被美好所激励、振奋或鼓舞，是在什么时候？

当你遇到真正的成就或美德，或是看到某个人表现得比你预期的还要好，是在什么时候？

当你觉得被吸引着去见证在你眼前呈现的成就，是什么时候？当你看见人类的最佳状态、下巴差点掉下来，是在什么时候？

当你感受到尽最大努力以达到更高的水平的冲动，是在什么时候？

当你准备好设想你的敬佩档案袋时，回顾一下：

当你感到强烈好奇或惊讶，真正对你的周围环境感到惊叹，是在什么时候？

当你极大程度地对伟大或美丽感到不知所措，是在什么时候？

当你为庄严惊呆、止步，是在什么时候？

当你感觉到自己属于一个远远大于你自己的事物的一部分，是在什么时候？

当你准备好要投入对你的爱的档案袋进行创建的时候，想一想：

当你最容易感受到在你和另一个人之间的爱意涌现，是在什么时候？当你在你的社会关系中感觉到亲近、安全、可靠和信任，是在什么时候？

当你的某一种人际关系引发了某种或某几种其他形式的积极情绪—喜悦、感激、宁静、兴趣、期望、自豪、逗趣、激励或敬佩，是在什么时候？

当你发现自己情不自禁地靠向心爱的人，肯定他的与众不同，是在什么时候？

当你享受挚爱的人陪伴的感觉，从而珍惜他们或是在他们的怀抱中笑容满溢，是在什么时候？

创建和使用积极情绪档案袋的 10 个窍门：

1. 保持真诚。让你的积极情绪是由衷的，而不是强迫的。
2. 拓展你的积极情绪档案袋的深度。收纳多种物品。
3. 制作多个档案袋。不要单纯地依赖于特定的一种积极情绪。
4. 让你的档案袋随着时间的推移而不断发展。不断地对它们进行添加。
5. 始终把你的档案袋放在手边。
6. 当你感到被一种恶性循环拖累时，拿出你的档案袋。
7. 用觉知力和开放的心态来对待你的档案袋。
8. 保持一种轻松的、心理上的接触。不要特意分析它。
9. 当一个档案袋失去功效的时候，换另一个。
10. 问自己：“为了培养这种感觉，我现在可以怎么做？”

——摘自《积极情绪的力量》，芭芭拉·弗雷德里克森著，中国人民大学出版社出版

# 第十一章

# 幸福指数

## 【教学背景】

你幸福吗？这是很多人都关注的话题。早在 1946 年召开的第三届国际心理卫生大会就将“是否有幸福感”作为心理健康的四大重要标志之一。

学生的幸福感如何？我区有一所初中对学生做了一次随机调查，结果发现觉得自己“不幸福”的学生占了将近一半。谈到不幸福的原因，他们的说法不一，有的认为自己自由支配的时间太少，有的认为要完成的作业太多，也有的认为家里太穷……总之，众多的同学感受不到学习和生活的快乐，更感觉不到幸福，这对于他们的健康成长是不利的。当他们觉得自己不幸福的时候，就很容易会失去学习以及生活的动力，甚至会钻牛角尖，走入“死胡同”，产生放弃甚至轻生的念头。

分析学生的这些想法，无外乎这样几种原因：一是认为自己的处境不够好。生活如果能够得到改变或者改善，才会幸福。他们常常会认为：如果功课再少一点，该多么幸福；如果父母对自己再好一点，就会幸福。有这种想法的人常常会怀念过去。二是在与他人比较之后，认为自己所拥有的东西不够多、不够好，如果能和别人一样，才会幸福。他们会说：如果我能像 ×× 一样，有那么好的成绩，就好了；如果我能和 ×× 一样，有那么好的运气，就好了。三是认为只有快乐，才会幸福。他们认为现在的学习生活过于辛苦了，所以不幸福。只有每件事情都满足了他们的需要，每时每刻感到快乐，才是幸福的。

学生的想法可以理解，但是存在着误区：

首先，幸福不能简单地与物质满足相联系，不能简单地等同于快乐。即便是在苦难中，在物质极其困乏的状态下，也能有幸福的感受；即便获得极大的物质满足，每时每刻都快乐，也不一定幸福。

其次，比较的确可以让人获得关于自我能力的准确评价，但是，这种比较所运用的是一种向上比较，如果仅仅运用这种向上比较，容易造成个体的不愉快感受，产生负面的心理结果。因此，在社会生活中，也需要适度运用向下比较，可以运用“选择性的聚焦”等方法，降低自身的压力，维持和增强自身的幸福感。

再者，心理学的研究告诉我们：幸福和个人的遗传有关，也和周围的环境有关，更为关键的是和我们的行为有关。心理学家索尼亚·柳博米尔斯基认为：幸福的关键不在于改变基因（也不可能改变），不在于改变生活环境，幸福的关键在于我们的主观行为。我们的幸福水平有 40% 的提升空间，是能通过日常的行为和思维来提升或降低的。

因此，要提高学生的幸福感，就需要帮助学生理解和接受这些观点，避免一些不合理的比较，并学习一些可以改变的行动建议。本课旨在通过自我小调查、游戏、讨论和分享等环节，让学生了解影响幸福的因素、感受幸福就在我们身边，发现和享受幸福。

## 【教学设计】

### 教学目标

(1) 体验“神秘的礼物”活动，了解影响幸福感的因素；

(2) 分享日常生活照片，发现生活中的美好细节，培养感激之情；

(3) 交流幸福生活秘诀，选择适合自己的幸福行动。

## 教学对象

初一年级学生

## 教学准备

(1) 游戏设计，神秘礼物的准备；

(2)“幸福”记录卡设计；

(3) 学生校园生活幸福快乐情景的拍摄和选择，ppt 制作。

## 教学过程

### （一）幸福小调查

师（音乐）：很高兴又开始我们一周一次的心灵之旅。早上上班的路上，我感觉今天的阳光很灿烂；校园里闻到一阵阵桂花的味道，很香；神六的太空之旅，很顺利，真好。带着这份美好的心情走进我们中间，我感觉今天真是幸福的一天。这节课我们的话题和幸福有关。曾经和许多人一起讨论过“什么样的人是幸福的人”这个话题，答案是各种各样的，因为我们每个人对幸福的理解是不同的。每个人的内心幸福的标准也是不一样的。要不，我们来做一个小调查，以你自己的标准，来给你的幸福指数打个分。假设，幸福指数的满分是五颗星，你的幸福有几颗星呢？

请在自己的卡片上，把你本人的幸福之星涂上颜色吧。

(学生们填涂卡片。)

### （二）分享幸福

师：请思考一下你的幸福之星里面有哪些内容？那么，未打的星星包括什么内容？愿意和大家分享一下吗？

生：妈妈对自己的关心和照顾，让自己觉得幸福。

生：可以在这么好的学校念书，比起贫困地区的孩子，觉得自己更幸福。

生：有两颗星星未涂，因为觉得可能自己还可以更幸福。

……

（教师在黑板上写出学生交流的重点词汇，把学生们幸福或觉得不幸福的内容尽量列出在黑板上。）

### （三）游戏感悟：变化的满意度

师：面对大家真诚的交流，我分享到了大家的幸福和快乐，我觉得更加幸福。为了表示感谢，我决定送给大家一份小小的礼物。这可是一份特殊的礼物哦，打开礼物需要遵循几个步骤，我们一起来看看：

规则：满意度总分为十分。每个小组的组员先打出自己的个人分数，而后算出的平均数为本小组的最终分数。

步骤：1、在礼物拆开之前，打出第一个的满意度分数。

2、拆开礼物之后，打出第二个的满意度分数。

3、在参观过其他组的礼物以后，打出第三个的满意度分数。

每小组按规则打出相应的分数。把小组打出的分数贴在黑板上。

师：大家看看这些记录，发现什么吗？

我们的这些分数有的在上升，有的在下降，这说明面对同一份礼物，我们的满意度在变化。是什么因素影响了我们的满意度分数呢？

生1：本来以为老师会给我们很贵重的礼物，所以一开始分数很高，可是看到收到的礼物就只是小小的吃的，所以分数就变低了。

生2：本来我觉得我们小组得到一包糖挺好的，可是和其他组比了以后发现有小组得到的礼物更好，所以就分数变低了。

生3：我们小组本来觉得收到了这么点小东西，觉得一般满意，不过后来想想觉得这是老师给我们的礼物，我们觉得很难得，所以分数就提高了。

……

（教师引导：我们的期待值，和他人之间的比较等因素影响了我们的满意度以及幸福的感觉。）

### （四）讨论：如何提升我们的幸福指数

师：大家现在最想做什么？

生齐声：吃。

师：老师知道大家现在都很渴望分享这份礼物，好，那就满足大家的愿望，现在就拆开礼物一起分享吧。

……（享受礼物）

师：我从你们满意的脸上感觉到大家都很开心，看来愿望的实现，可以提升我们的幸福指数。那么，还有其他办法吗？请小组讨论这个问题——如何提升我们的幸福指数？　看看哪个小组方法最多，点子最好。

生 1：要多发现生活中的值得感激的事情。

生 2：要保持一颗感恩的心；

生 3：和他人分享也会觉得幸福；

……

师：大家刚才分享了许多提升幸福指数的方法。刚才大家说了很多，很好，老师也总结了一些方法，我们来分享一下吧——

多媒体展示：幸福宝典——回味温情，分享快乐，关爱他人，悦纳自我。

### （四）感受幸福

师：是的，如果我们用心去感受，就会发现，其实生活中处处都有幸福。

（背景音乐，多媒体图文）：当我们来到这个世界，张开眼睛——每天都有充足的食物——和煦的阳光迎接清晨——秋天看到沉甸甸的果实挂满枝头——家人相亲相爱——朋友其乐融融——师生共同进步——大家一起努力——走神也那么有趣——运动场上挥洒汗水——小花也那么美丽——未来充满希望……

这些图片都记录着我们生活中的美好时刻。的确，生活中不是缺少幸福，而是缺少发现幸福的眼睛、耳朵和心灵，关键是我们是否用心去感受，去体验。

不是吗？

### （五）回顾总结

师：以我们现在的心情，再次打出我们的幸福指数，你会涂几颗星？

生活并没有变化，但我们的幸福感却提高了，多么奇妙！

愿大家做个幸福快乐的人，记下生活中的点点滴滴，去寻找和感受生活的乐趣。

## 【教学反思】

幸福这个话题的讨论非常有意义，但是怎么能让学生真正有所感悟却很难。谈得深了，容易陷入枯燥；谈得浅了，容易流于表面。这次辅导中，游戏活动与生活实际相结合，深入浅出，设计精妙之处有二：

一是选择了一个恰当的游戏，形象直观地让学生理解了影响我们幸福感的几个原因。“变化的满意度”这个游戏中，关键在于对“分数”的解读和处理，让学生在变化的曲线中有所发现和思考。

二是捕捉了学生生活的细节照片，由远及近地唤醒了学生对生活细节的关注，激发了学生对生活的感激之情。“感受幸福”这个环节中所用的PPT，都是学生的生活实景照片，学生日日身处其中，却很少注意。此时通过这个环节，帮助学生关注自己的生活，体会自己的幸福，可谓水到渠成、恰到好处。

但是，对提升幸福感的具体行为，在本次辅导活动中只是略有提及，并没有具体指导，如果时间允许、学生需要，建议进行具体深入地指导。

## 【教学建议】

1、本设计的教学对象为初中学生，因而“神秘的礼物”一般用可当堂食用的小食品，既能满足学生的需求，也能活跃课堂气氛和氛围，引导学生能在课内更多的感受幸福。

2、如果是面对高中学生的话，用《个性化幸福方案的诊断方法》或《获得幸福的24个优势》（见教学资源）代替或者补充学生的讨论“如何提升我们的幸福指数”。这个活动更为理性、全面，相对来说适合高中学生。

## 【教学资源】

### 个性化幸福方案的诊断方法*

诊断方法：表中列出十二项提升幸福的活动。假设你在一段时期内每周都要做这些活动，你会是出于什么动机？下面有五种关于动机的描述（出于自然、出于喜欢、出于理性、出于情理、出于无奈），根据你的感受，分别为每项打分（1 ~ 7）。

人们做事都有原因。请使用七分制（1 ~ 7）分别给各项活动的各种动机打分。1（根本不是）、4（部分是）、5、6、7（完全就是）

出于自然：我会继续这项活动，因为这样做是内心自然的感觉，所以能够坚持。

出于喜欢：我会继续这项活动，因为我喜欢和享受这个过程，活动对我来说是一件趣事，也是挑战。

出于理性：我会继续这项活动，因为我认为这是一件有价值的事情，即使内心并不喜欢也能坚持。

出于情理：我会继续这项活动，因为不这么做心中会有不安和愧疚，所以强迫自己坚持。

出于无奈：我会继续这项活动，因为别人要求我这样做或者自身情况要求我必须这样做。

1. 表达感激之情：为自己拥有的一切表示感恩（向亲密的人表达这种感激之情或者心存感激，也可以把这种感受写入日记）或者向以前从未好好感谢过的人表达感恩之情。

   __出于自然__出于喜欢__出于理性__出于情理__出于无奈

2. 培养乐观心态：将想象中最美好的未来记录下来，并且不论何事都尝试去看好的一面。

*注：摘自《幸福多了40%》，华东师范大学出版社

__出于自然__出于喜欢__出于理性__出于情理__出于无奈

3. 不多虑、不攀比：采取行动（如分散精力法）减少为愁事费心费神；不与他人攀比。

__出于自然__出于喜欢__出于理性__ 出于情理__出于无奈

4. 多行善事：不论是对朋友还是对路人；不论是直接帮忙还是暗自相助；不论是临时巧遇还是早有计划，做好事，多多益善。

__出于自然__出于喜欢__出于理性__出于情理__出于无奈

5. 发展关系、培养感情：选择一段需要加深的感情作为培养的对象，投入时间与精力去治愈伤痛、培养感情、巩固感情、享受感情。

__出于自然__出于喜欢__出于理性__出于情理__出于无奈

6. 增强应对技能：尝试不同方法，克服困难，战胜压力与痛苦。

__出于自然__出于喜欢__ 出于理性__出于情理__出于无奈

7. 学会原谅：对于伤害过你或冤枉过你的人，通过写日记或者写信的方式消除气愤和怨恨。

__出于自然__出于喜欢__出于理性__出于情理__出于无奈

8. 多做能让自己全身心投入的事情：无论在家还是在单位，让自己忘我地忙起来，做些有挑战性和有吸引力的事情。

__出于自然__出于喜欢__出于理性__出于情理__出于无奈

9. 享受生活的乐趣：停下脚步，静心体会生活的乐趣和美好。用心灵、用画笔、用文字、用交流回味生活中的心动时刻。

__出于自然__出于喜欢__出于理性__出于情理__出于无奈

10. 锁定目标，不懈奋斗：选择一项、两项或者三项重要目标，一心一意为之奋斗。

__出于自然__出于喜欢__出于理性__出于情理__出于无奈

11. 心中有信仰、精神有依托：加大宗教活动的力度，多参加教堂、寺庙、清真寺的活动，或阅读、钻研心灵主题的书籍。

__出于自然__出于喜欢__出于理性__出于情理__出于无奈

12. 强健身体：进行体育锻炼，经常冥思、微笑和大笑。

__出于自然__出于喜欢__出于理性__出于情理__出于无奈

评分方法及如何确定你的最佳幸福方案：

第一步：每项活动的适合度得分＝（“出于自然”分值＋“出于喜欢”分值＋“出于理性”分值）/3 －（“出于情理”分值＋“出于无奈”分值）/2

第二步：选出适合度得分最高的四项活动。

## 获得幸福的24个优势 *

塞利格曼认为，人类有六种美德，可以帮助人们拉近幸福。实现这些美德的途径就是优势。培养学生建构自己的优势与美德，并且把它应用到每天的生活中，有助于他们幸福感的获得。建构优势与美德，并不是学习、训练与制约，而是发现、创造和拥有。

以下，就是帮助你发现的过程：每种优势的描述之后，有两句话，分别根据“5 非常符合我、4 符合我、3 既没有符合也没有不符合、2 不符合我、1 非常不符合我”给予评分，并分别计分。

**Part1：智慧**

1. 好奇心、对世界的兴趣

好奇心使我们对不符合预想的事物产生尝试的兴趣。好奇的人不会容忍模棱两可的情境，他们会去追求真象。好奇心可以是很特定的，也可以是很广泛的。好奇心驱使我们主动地追随新奇的事物，而被动地吸收信息；它的反面是容易厌倦。

A“我对世界总是很好奇”这句话 5 非常符合我 4 符合我 3 既没有符合也没有不符合 2 不符合我 1 非常不符合我

B“我很容易感到疲倦”这句话 5 非常符合我 4 符合我 3 既没有符合也没有不符合 2 不符合我 1 非常不符合我

2. 喜爱学习

你喜欢学习新的东西，不论在课堂上还是在生活中；你喜欢上学、阅读、去博物馆，去任何可以学到新东西的地方。你的专长被周围的人敬佩吗？在没有任何外在诱因的情况下，你还会对这个领域有继续学习的兴趣吗？

A“每次学新东西我都很兴奋”这句话 5 非常符合我 4 符合我 3 既没有符合也没有不符合 2 不符合我 1 非常不符合我

B“我从来不会特意去参观博物馆或者其他教育性场所”这句话 5 非常符合我 4 符合我 3 既没有符合也没有不符合 2 不符合我 1 非常不符合我

3. 判断力、判断性思维、思想开放

这里的判断力是指客观地、理性地筛选信息，做出的判断利己也利人。它以事实为导向，它的对立面是错误的逻辑或非黑即白的二分法。其特点是不会将自己的需要和诉

*摘自《真实的幸福》，马丁·塞利格曼著，万卷出版公司出版。

求与事实相混淆。

A“不管是什么主题，我都可以很理性地去思考它”这句话　5 非常符合我　4 符合我　3 既没有符合也没有不符合　2 不符合我　1 非常不符合我

B“我常会很快作出决定”这句话　5 非常符合我　4 符合我　3 既没有符合也没有不符合　2 不符合我　1 非常不符合我

4. 创造性、实用智慧、街头智慧

当你看到自己梦寐以求的东西时，你会有创新的方法去获得它吗？你不满足于大家都用的方法，这类优势就是创造性。

A“我喜欢以不同的方式去做事情”这句话　5 非常符合我　4 符合我　3 既没有符合也没有不符合　2 不符合我　1 非常不符合我

B“我的大多数朋友都比我有想象力”这句话　5 非常符合我　4 符合我　3 既没有符合也没有不符合　2 不符合我　1 非常不符合我

5. 社会智慧、个人智慧、情商

社会和个人智慧是对自己及他人的认知，你能了解别人的动机和感觉，并且能对它作出很好的回应。具有社会智慧的人能注意到人与人之间的不同点，尤其是他们情绪、脾气、动机和意图的不同，然后针对这些不同作出恰当反应。

A“不论是什么样的社会情境我都能轻松愉快地融入”这句话　5 非常符合我　4 符合我　3 既没有符合也没有不符合　2 不符合我　1 非常不符合我

B“我不太知道别人在想什么”这句话　5 非常符合我　4 符合我　3 既没有符合也没有不符合　2 不符合我　1 非常不符合我

6. 洞察力

它十分接近睿智。其他人会请具有这种优势的人给他们提供指引，用他们的经验来帮助其他人解决问题。

A“我可以看到问题的整体大方向”这句话　5 非常符合我　4 符合我　3 既没有符合也没有不符合　2 不符合我　1 非常不符合我

B“很少有人来找我求救”这句话　5 非常符合我　4 符合我　3 既没有符合也没有不符合　2 不符合我　1 非常不符合我

**Part2 勇气**

7. 勇敢与勇气

一个勇敢的人是能够将恐惧情绪与自己的行为分开的人，他会抗拒要逃跑的冲动，

面对恐惧情境，他不去理会主观和生理反应所带来的不适。胆大妄为和冲动并不是勇敢，虽然害怕但仍能面对危险才是勇敢。

A“我常常面对强烈的反对”这句话 5 非常符合我 4 符合我 3 既没有符合也没有不符合 2 不符合我 1 非常不符合我

B“痛苦和失望常常打倒我”这句话 5 非常符合我 4 符合我 3 既没有符合也没有不符合 2 不符合我 1 非常不符合我

8. 毅力、勤劳、勤勉

有毅力的人有始有终，勤勉的人会承担困难的工作并把它完成，而且没有抱怨。这样的人不仅完成所承诺的部分，有时还更多，但绝不会少。毅力并不是不顾一切地追求不切实际的目标。勤勉的人是有弹性的、务实的，而且不是完美主义者。

A“我做事都有始有终”这句话 5 非常符合我 4 符合我 3 既没有符合也没有不符合 2 不符合我 1 非常不符合我

B“我做事时常会分心”这句话 5 非常符合我 4 符合我 3 既没有符合也没有不符合 2 不符合我 1 非常不符合我

9. 正直、真诚、诚实

一个诚实的人不仅实话实说，而且真实地面对生活。他不虚伪，为人真诚。

A“我总是信守诺言”这句话 5 非常符合我 4 符合我 3 既没有符合也没有不符合 2 不符合我 1 非常不符合我

B“我的朋友从来没说过我是个实在的人”这句话 5 非常符合我 4 符合我 3 既没有符合也没有不符合 2 不符合我 1 非常不符合我

Part3 仁爱

10. 仁慈与慷慨

具有这类优势的人对别人很仁慈、很慷慨，别人来找他们帮忙时，他们会尽全力提供帮助。他们喜欢帮别人的忙，即使不太熟的朋友也一样。有多少次你把别人的事当成自己的事来做?

A“上个月我曾主动去帮邻居的忙”这句话 5 非常符合我 4 符合我 3 既没有符合也没有不符合 2 不符合我 1 非常不符合我

B“我对别人的好运不像对我自己的好运那样激动”这句话 5 非常符合我 4 符合我 3 既没有符合也没有不符合 2 不符合我 1 非常不符合我

11. 爱与被爱

你非常珍惜自己与别人的亲密关系，别人是否也一样珍惜？如果是，这就证明你有爱与被爱的优势。

A“在我生活中，有很多人关心我的感觉和幸福，就像关心他们自己一样”这句话 5非常符合我 4符合我 3既没有符合也没有不符合 2不符合我 1非常不符合我

B“我不太习惯接受别人对我的爱”这句话 5非常符合我 4符合我 3既没有符合也没有不符合 2不符合我 1非常不符合我

**Part4 正义**

12. 公民精神、责任、团队精神、忠诚

具有公民精神的人很忠心，有团队精神，他们努力做好本职工作，努力使团队成功。你在集体中举足轻重吗？当集体目标与你的目标不同时，你会遵从集体目标吗？你尊重那些权威人物，如老师或教练吗？你是否将自己融入团队？

A“为了集体，我会尽最大努力”这句话 5非常符合我 4符合我 3既没有符合也没有不符合 2不符合我 1非常不符合我

B“我会牺牲自己利益去维护集体利益很犹豫”这句话 5非常符合我 4符合我 3既没有符合也没有不符合 2不符合我 1非常不符合我

13. 公平与公正

公平与公正是指不让个人感情影响自己的决定，给每个人同等的机会。你在日常生活中的行为都能符合这个道德准则吗？你是否将别人的利益看得与你自己的一样，即使你并不认识这个人？

A“我对所有人一视同仁，不管他是谁”这句话 5非常符合我 4符合我 3既没有符合也没有不符合 2不符合我 1非常不符合我

B“如果我不喜欢这个人，我很难公正地对待他”这句话 5非常符合我 4符合我 3既没有符合也没有不符合 2不符合我 1非常不符合我

14. 领导力

领导力是指有很好的组织才能，并能监督任务的执行。

A“我可以让人们为了共同的目标而努力，而且不必反复催促”这句话 5非常符合我 4符合我 3既没有符合也没有不符合 2不符合我 1非常不符合我

B“我对计划集体活动不太在行”这句话 5非常符合我 4符合我 3既没有符合也没有不符合 2不符合我 1非常不符合我

**Part5 节制**

15. 自我控制

自我控制是指在某些情况下，人们能够控制住自己的情绪、欲望、需求和冲动。但是只知道应该节制还不够，你必须能作出节制的行动。当不好的事情发生时，你能控制住自己的情绪吗？即使在苦难的情境下，你也能使你自己愉快吗？

A“我可以控制我的情绪”这句话　5 非常符合我　4 符合我　3 既没有符合也没有不符合　2 不符合我　1 非常不符合我

B“我的节食计划总是虎头蛇尾，半途而废”这句话　5 非常符合我　4 符合我　3 既没有符合也没有不符合　2 不符合我　1 非常不符合我

16. 谨慎、小心

谨慎的人不说、不做以后会后悔的事。谨慎应该是在反复确认正确后再发布行动命令，谨慎的人有远见，三思而后行，他们能够为了将来的成功抵抗眼前的诱惑。

A“我避免参与有身体危险的活动”这句话　5 非常符合我　4 符合我　3 既没有符合也没有不符合　2 不符合我　1 非常不符合我

B“我有时交错了朋友或找错了恋爱对象”这句话　5 非常符合我　4 符合我　3 既没有符合也没有不符合　2 不符合我　1 非常不符合我

17. 谦虚

谦虚的人不喜欢出风头，宁愿让成绩自己说话。他们不认为自己很了不起，别人敬重他们的谦虚，但谦虚不是虚伪。一个谦虚的人不看重自己的成败，如果把眼光放远一点，个人的成败或痛苦实在微不足道。

A“当人们称赞我时，我常转移话题”这句话　5 非常符合我　4 符合我　3 既没有符合也没有不符合　2 不符合我　1 非常不符合我

B“我常常谈论自己的成就”这句话　5 非常符合我　4 符合我　3 既没有符合也没有不符合　2 不符合我　1 非常不符合我

**Part6 精神卓越**

18. 对美和卓越的欣赏

你欣赏各领域中美好和卓越的东西，不论是自然的还是人为的，不论是数学的还是科学的。你对美好的东西充满了敬畏与惊喜，看一场精彩的球赛，目睹人类无私的高尚行为，都会激荡你的灵魂并使你奋发。

A“在过去的这个月，我曾被音乐、艺术、戏剧、电影、运动、科学或数学等领域

的某一个方面感动”这句话 5 非常符合我 4 符合我 3 既没有符合也没有不符合 2 不符合我 1 非常不符合我

B“我去年没有创造出任何美的东西”这句话 5 非常符合我 4 符合我 3 既没有符合也没有不符合 2 不符合我 1 非常不符合我

19. 感恩

懂得感恩的人从不认为自己本该如此幸运，他们会向别人表达感谢。感恩行为是对别人优秀的道德情操表示感激，作为一种情绪，他是对生命的惊讶、感谢和欣赏。

A“即使别人帮我做了很小的事情，我也会说谢谢”这句话 5 非常符合我 4 符合我 3 既没有符合也没有不符合 2 不符合我 1 非常不符合我

B“我很少停下来想象自己有多幸运”这句话 5 非常符合我 4 符合我 3 既没有符合也没有不符合 2 不符合我 1 非常不符合我

20. 希望、乐观、展望未来

希望指的是期待未来会更好，并为了实现这一目标而做好计划并努力工作。希望、乐观及展望未来，是对未来充满积极态度这一优势的各个组成部分。期待好的事情会发生，相信只要努力便会有好运。你在此时此刻感到快乐，是因为你对未来有憧憬，这使你的生活有目标。

A“我总是看到事情好的一面”这句话 5 非常符合我 4 符合我 3 既没有符合也没有不符合 2 不符合我 1 非常不符合我

B“我很少对要做的事情有周详的计划”这句话 5 非常符合我 4 符合我 3 既没有符合也没有不符合 2 不符合我 1 非常不符合我

21. 灵性、目标感、信仰、宗教

拥有这类优势的人对宇宙、人生的意义有坚定的信仰，知道自己的人生是有目标的，他们的信仰会塑造他们的行为，而信仰也是他们获得慰藉的泉源。你对自己在宇宙中定位有哲学的、宗教的或非宗教的看法吗？你曾通过更广泛的视角去寻找生命的目的与意义吗？

A“我对生命有强烈的目标感”这句话 5 非常符合我 4 符合我 3 既没有符合也没有不符合 2 不符合我 1 非常不符合我

B“我的生命没有目标”这句话 5 非常符合我 4 符合我 3 既没有符合也没有不符合 2 不符合我 1 非常不符合我

22. 宽恕与慈悲

慈悲的人原谅那些曾对不起他们的人，他们永远会给别人第二次机会，他们处世的原则是慈悲而不是复仇。当他们宽恕别人时，他们的主要动机或行为就转向积极（仁慈、慷慨）而较少消极（回避或报复）。

A“过去的事我都让它过去”这句话 5 非常符合我 4 符合我 3 既没有符合也没有不符合 2 不符合我 1 非常不符合我

B“有仇不报非君子，总要报了才甘心”这句话 5 非常符合我 4 符合我 3 既没有符合也没有不符合 2 不符合我 1 非常不符合我

23. 幽默

幽默的人喜欢说笑话，给别人带来欢笑，他们自己也喜欢笑。他们总是看到事情光明的一面。到目前为止，前面所说的优势都很严肃：仁慈、灵性、勇敢、正直等等，但最后两项优势是比较有趣的。你喜欢玩吗？你很有趣吗？

A“我总是尽量将工作和玩耍融合在一起”这句话 5 非常符合我 4 符合我 3 既没有符合也没有不符合 2 不符合我 1 非常不符合我

B“我很少说好玩的事”这句话 5 非常符合我 4 符合我 3 既没有符合也没有不符合 2 不符合我 1 非常不符合我

24. 热忱、热情、热衷

热忱指的是充满热情，会全心全意投入工作。你每天早晨睁开眼睛时，是不是迫不及待地想开始一天的工作？你工作的热情是否会带动别人的热情？你是否很容易被激励？

A“我对每一件事都全力以赴”这句话 5 非常符合我 4 符合我 3 既没有符合也没有不符合 2 不符合我 1 非常不符合我

B“我老是拖拖拉拉”这句话 5 非常符合我 4 符合我 3 既没有符合也没有不符合 2 不符合我 1 非常不符合我

一般来说，你会有五项或少于五项得到 9 分或者 10 分，这是你突出的优势；也会有一些项目得了 4-6 分的低分数，这些就是你的劣势。

建议学生在日常生活中将自己的优势尽量发挥出来，它们是影响幸福的重要因素。要构建好的生活，就要展现自己的优势，把它们变得更好，并且用它们来抵抗自己的劣势，以及这些劣势带给自己的不快。

# 主要参考文献


【新西兰】斯托曼．情绪心理学：从日常生活到理论（第5版）．王力主译．北京：中国轻工业出版社，2005

石丹理，马庆强，刘兆瑛等．“共创成长路”青少年培育计划概念架构及课程设计手册．上海：学林出版社，2007

【美】克里斯汀·韦尔丁．情商．尧俊芳译．天津：天津教育出版社，2009

【美】莱沃茨．中小学生情商培养活动实例．侯英妮译．北京：中国轻工业出版社，2009

【美】马丁·塞利格曼．学习乐观．洪兰译．北京：新华出版社，2002

【美】David D. Burns. 抑郁情绪调节手册——十天改善你的自尊．汤臻等译．北京：中国轻工业出版社，2006

【美】马丁·塞利格曼．活出最乐观的自己．洪兰译．北京：北方联合出版传媒（集团）股份有限公司，2010

【美】马丁·塞利格曼．真实的幸福．洪兰译．北京：北方联合出版传媒（集团）股份有限公司，2010

【美】马丁·塞利格曼．教出乐观的孩子．洪兰译．北京：北方联合出版传媒(集团)股份有限公司，2010

【美】埃德·迪纳等．改变人生的快乐实验．江舒译．北京：中国人民大学出版社出版，2010

【美】索尼亚·柳博米尔斯基．幸福多了40%. 闻萃译．上海：华东师范大学出版社，2009

【美】盖瑞·祖卡夫琳达·弗朗西斯．灵魂之心：情绪的觉察．阿光译．北京：华文出版社，2010

张怡筠．幸福其实很简单．石家庄：河北教育出版社，2007

【美】莫拉格利特．青少年团体咨询－生活技巧．张子正译，南京：江苏教育出版社，2010

杨治良主编．心理健康学本．上海：华东师范大学，2005

【英】赫伯特·斯宾塞．斯宾塞的快乐教育．方舟编译．北京：朝华出版社，2010

吴增强主编．学校心理辅导通论：原理·方法·实务．上海：上海科技教育出版社，2004

钟志农．心理辅导活动课操作实务．宁波：宁波出版社，2007

王东．青少年抑郁的预防：青少年应变力辅导计划简介．心理科学，2001(4)

刘子弘．拥有积极情绪，笑看美好人生——积极情绪研究综述．现代企业教育，2010(8)

高正亮等．积极情绪的作用：拓展－建构理论．中国健康心理学杂志，2011（2）

陈虹，张婷婷．美国积极心理学家建议家长和老师：要对待孩子的积极感情．中小学心理健康教育，2009（5）

谢明辉．香港推出“成长的天空”计划. 思想理论教育，2010（6）

万千教育

# 基础教育类书目

| 书号 | 书名 | 著、译者 | 定价(元) |
|---|---|---|---|
| 班主任工作理念与方法系列 | | | |
| 2877 | 班主任工作的60个“鬼点子” | 刘坚新　郑学志　编著 | 52.00 |
| 2879 | 班主任与家长沟通的艺术<br>——创建优质家校关系的60个策略 | 郑学志　著 | 52.00 |
| 2204 | 做一个会“偷懒”的班主任（第二版） | 郑学志　著 | 48.00 |
| 1708 | 怎样教授道德才有效<br>——德育心理学家给教师的建议 | 杨韶刚　等　译 | 48.00 |
| 1709 | 学生特殊问题发现与应对<br>——给普通教师的建议 | 昝　飞　等　著 | 48.00 |
| 7316 | 把班级还给学生<br>——班集体建设与管理的创新艺术 | 郑立平　著 | 26.00 |
| 7344 | 遭遇问题学生<br>——问题学生的教育与转化技巧 | 万　玮　编著 | 25.00 |
| 7317 | 魅力班会是怎样炼成的 | 杨　兵　著 | 25.00 |
| 8631 | 家校沟通，没有痛过你不会懂<br>——知名班主任梅洪建的心路历程 | 梅洪建　著 | 32.00 |
| 0539 | 如何上好班级心理辅导活动课<br>——钟志农答疑50问 | 钟志农　著 | 42.00 |
| 9902 | 德育主任新方略 | 丁如许　著 | 32.00 |
| 8611 | 班主任工作中的心理效应 | 刘儒德　主编 | 35.00 |
| 1135 | 班主任有效沟通的艺术与技巧 | 李进成　著 | 36.00 |

| | | | |
|---|---|---|---|
| 0541 | 班主任如何破解德育低效难题 | 赵　坡　著 | 35.00 |
| 9135 | 班主任，青春万岁——王君带班之道 | 王　君　著 | 34.00 |
| 8770 | 班主任如何带好差班 | 赵　坡　著 | 30.00 |
| 8309 | 扶年轻班主任上马 | 王　莉　著 | 38.00 |
| 7926 | 教师必须掌握的教育惩戒艺术 | 郑立平　等　著 | 28.00 |
| 7928 | 做一个聪明的班主任<br>——对常见七类学生的教育艺术 | 郑立平　等　著 | 28.00 |
| 班主任工作理念与方法系列合计 | | | 694.00 |
| **中学/中职班主任专业技能系列** | | | |
| 0938 | 好班是怎样炼成的<br>——中学班主任班级建设之道 | 谢　云　主编 | 38.00 |
| 9882 | 初中主题班会设计技巧与优秀案例 | 郑学志　主编 | 34.00 |
| 9056 | 高中主题班会设计技巧与优秀案例 | 郑学志　主编 | 32.00 |
| 9557 | 打造高中卓越班级的42个策略 | 覃丽兰　著 | 38.00 |
| 9990 | 打造中职卓越班级的41个策略 | 李　迪　著 | 32.00 |
| 9905 | 中职主题班会设计技巧与优秀案例 | 李　迪　著 | 35.00 |
| 9604 | 中学德育问题与对策 | 李　季　贾高见　著 | 35.00 |
| 8463 | 中学班主任的70个临场应变技巧 | 刘令军　等　著 | 34.00 |
| 中学/中职班主任专业技能系列合计 | | | 278.00 |

……